6.3 Lebensmittel 90
6.4 Kräuter 91
7 Weitere Ernährungsvorschläge 92

1.1 Vorwort

Die Weltgesundheitsorganisation (WHO) davon spricht, dass bis zu 80% der Erkrankungen durch äußere Faktoren wie Ernährung, Lebensstil, Umweltgifte und dergleichen beeinflusst werden.

Welche Faktoren also jeder einzelne von uns aktiv beeinflussen kann und somit seine Chancen auf Erhöhung der allgemein Gesundheit erzielen kann, darum geht es auf den folgenden Seiten.

Der Fokus in diesem Buch liegt auf dem Faktor mit der größten Hebelwirkung - der Ernährung.
Schon Hippokrates hat einst gesagt "Lass die Nahrung deine Medizin sein und Medizin deine Nahrung!" Kräuterpädagog:innen heute sagen so: "Es gibt für jede Krankheit das richtige Kraut."

Egal wie wir es drehen und wenden, wir sind was wir essen (und was unser Essen gegessen hat). Der moderne Mensch sieht sich gerne isoliert von seiner Umwelt. Wir entstehen aus unserer Umwelt, wir leben inmitten von ihr und wenn wir sterben gehen wir wieder in unsere Umwelt über. Während wir leben essen wir das, was in unserer Umwelt wächst (oder in Fabriken chemisch erzeugt wird). Diese Nahrung liefert die Energie und Bausteine, für den eigenen Körper, für den Stoffwechsel, Zellerneuerung, den Hormonhaushalt und damit für unser gesamtes Sein, die Gesundheit und unser Empfinden.

Hier ein paar Grundbausteine, bevor in dem Buch noch näher auf Ernährungsfaktoren eingegangen wird, die sozusagen der kleinste gemeinsame Nenner der meisten Ernährungsphilosophien sind:

- Saisonalität
    - Winterpflanzen, wie zum Beispiel verschiedene Kohlgewächse, versorgen uns mit Unmengen von Vitamin C und Bitterstoffen. Zwei Faktoren, die unser Immunsystem bei der Abwehr von der Kälte und den typischen Infekten in der Winterzeit unterstützen.

    - Sommerpflanzen wie zum Beispiel Gurken, Tomaten aber auch Zitrusfrüchte kühlen unseren aufgeheizten Körper und versorgen uns mit viel Wasser.
    - Außerdem müssen bei saisonalen Pflanzen weniger chemische Helferlein eingesetzt werden, da die passenden Umweltfaktoren das Wachstum sowieso fördern.
- Regionalität
    - Damit einher geht auch der Faktor der Regionalität. Regionale pflanzliche Lebensmittel werden reif geerntet und haben somit alle Nährstoffe entwickeln können. Im Gegensatz dazu wird Obst und Gemüse aus ferneren Ländern unreif geerntet und nur durch den Einsatz von chemischen Mitteln unnatürlich "nachgereift" - bzw. nur nach-gefärbt. Die Dichte der Nährstoffe und auch der Geschmack kann dabei niemals mit regionalen Lebensmitteln mithalten. (Sie haben es vielleicht schon selber erlebt, dass eine Südfrucht aus dem jeweiligen Ursprungsland dort im Urlaub viel süßer und vollmundiger schmeckt als die gleiche Frucht aus dem zentraleuropäischen Supermarkt).
- Pflanzenbasierte Ernährung
    - Ja, diese Basis teilen selbst die Anhänger der Fleischdiät mit den Veganern. Denn bei der Fleischdiät geht es auch um Fleisch von Tieren, die sich artgerecht, sprich von vielen Gräsern und Kräutern ernährt haben. Die Masse an Getreide in der heutigen Ernährung - egal ob bei Mensch oder Tier - entspricht nicht der natürlichen Ernährungsweise. Sie macht uns krank, dick und manche behaupten sogar dumm (das weist auf die Schädigung der neuronalen Netzwerke hin, die durch den Konsum von Kohlenhydraten passiert hin). Pflanzen im Sinne von Gemüse, Kräutern, Salaten, Sprossen, in geringen Mengen Obst, Nüsse, Samen, etc. liefern neben den viel beschriebenen Vitaminen und Mineralstoffen vor allem sekundäre Pflanzenstoffe, die herausragende Heilwirkung haben. So werden eine Vielzahl unserer Medikamente auf Basis der natürlich vorkommenden Pflanzenstoffe nachgebaut. Allerdings sind da diverse Säuren und andere Wirkstoffe extrahiert und wirken nur alleine - mit den Pflanzen selbst nehmen wir sie in einer

DIÄTETIK - Stoffwechsel - Herz- und Kreislauf - Hypertonie (Bluthochdruck)
(Buch: 046)

1 Ernährung bei Bluthochdruck 1
  1.1 Vorwort 5
  1.2 Beschreibung 7
  1.3 Therapiestrategie 8
  1.4 Vermeiden 8
2 Speiseplan... 8
  2.1 Frühstück... 8
  2.2 Jause 9
  2.3 Mittag 9
  2.4 Nachmittag 11
  2.5 Abend 11
3 Rezepte 13
  3.1 Apfel-Bananen-Creme 13
  3.2 Aubergine mit Olivenöl und Kurkuma 14
  3.3 Aufgeschlagene Banane 14
  3.4 Bananen-Sojamilch 15
  3.5 Bärlauchcremesuppe 15
  3.6 Bärlauch-Knödel.. 16
  3.7 Bärlauch-Pesto.. 17
  3.8 Bärlauch-Rührei-Brote 18
  3.9 Birnensaft 18
  3.10 Blattsalat mit Frischkäse... 19
  3.11 Blitzschnelle Zucchinisuppe 19
  3.12 Brokkolicrèmesuppe 20
  3.13 Brokkoli-Parmesan-Aufstrich auf Toastbrot................... 21
  3.14 Buntes Reisgericht 22
  3.15 Champignonsalat mit Kresse 23
  3.16 Couscous-Salat 23
  3.17 Erdbeer-Joghurt-Mandelmus Mix 24
  3.18 Erdbeersuppe mit Melonen 25
  3.19 Feiner russischer Borschtsch 25
  3.20 Fischsuppe mit Rosmarin 26
  3.21 Frischkäseersatz 27
  3.22 Frühlingssalat 28
  3.23 Gemüse-Miso-Suppe mit Tofu...................................... 29
  3.24 Gemüsenudeln mit Tomatensugo 30
  3.25 Gemüsesaft 31
  3.26 Geröstete Hirse mit Pflaumenkompott 31

1 Ernährung bei Bluthochdruck

Diese Empfehlungen bitte immer mit Ernährungsberater/in, Arzt oder Diätologen/in absprechen! Die Rezepte und Zutatenlisten unterstützen die medizinischen Therapien.

Die Kalorienangaben frischer Zutaten (Obst und Gemüse) und die Inhaltsstoffe schwanken je nach Qualität und Erntezeit. Die Inhalte wurden von einer Diätologin und einer Ernährungsberaterin für die Traditionelle Chinesische Medizin (TCM) geprüft.

Autor:
©2022 Josef Miligui
Liebe Leserinnen und Leser, ich wünsche Ihnen viel Erfolg und gutes Gelingen bei der Umstellung Ihrer Ernährung. Dieses Buch wurde aus eigener Erfahrung mit Krankheit und Ernährung geschrieben und ich habe schon immer das Zubereiten guter Speisen geschätzt. Wenn Sie nicht so geübt sind im Kochen, empfiehlt sich ein Kurs bei Ernährungsberatern oder Diätologen, die Ihnen die Grundlagen der Kochmethoden sowie die richtige Verarbeitung der Zutaten vermitteln können. Anhand der Lebensmittellisten aus diesem Buch können Sie weitere Rezepte entwickeln und entdecken.

Quelle:
Die Listen werden aus der EBNS-Datenbank für die Ernährungsberatung generiert. Die Datenbank wird von Ernährungsberater, Therapeuten und Ärzte für die Beratung der Patienten/Klienten verwendet und ermöglicht eine Kombination mehrerer Syndrome.

Literaturliste:
Wir haben die Unterlagen als Wissensbasis genutzt und an unsere Erfahrungen angepasst und ergänzt.
www.ebns.at

Herstellung und Verlag:
BoD – Books on Demand, Norderstedt
ISBN: 9783739249230

3.27	Geröstete Hirse mit Stangensellerie	32
3.28	Gerstenbratlinge	32
3.29	Gerstenbrei mit Beeren	34
3.30	Gerstenbrei mit gedünsteter Birne	35
3.31	Grießsuppe mit Gemüse	35
3.32	Grundrezept für eine Fischbrühe	36
3.33	Grundrezept für eine Hühnerbrühe	37
3.34	Grundrezept für eine nahrhafte Gemüsebrühe	38
3.35	Grundrezept für eine Reissuppe (Congee)	39
3.36	Gurkensalat	39
3.37	Hafer-Congee	40
3.38	Heilbutt mit Tomaten-Knoblauch-Soße	41
3.39	Hirse mit Birnen	42
3.40	Hühnersuppe mit Eigelb und Petersilie	43
3.41	Karottendrink	43
3.42	Karotten-Risotto	44
3.43	Karottensuppe	45
3.44	Karpfensuppe	46
3.45	Kartoffel-Gnocchi mit Gemüse und Basilikumsoße	47
3.46	Kohlrabi in Kerbelsoße mit Kartoffeln	48
3.47	Kompott aus Zwetschgen	49
3.48	Kürbis-Joghurt-Suppe	49
3.49	Kürbisklößchen mit Tomaten-Petersiliensoße	50
3.50	Linsen-Kastanien-Suppe mit Curry	51
3.51	Mango-Bananen-Joghurt-Drink eiskalt	52
3.52	Misosuppe mit Tofu	52
3.53	Obstsaftgetränk	53
3.54	Orientalische Reispfanne	54
3.55	Palatschinken mit Spinat und Parmesan	55
3.56	Paprika-Tomatenreis	56
3.57	Petersilien-Cremesoße	57
3.58	Pikante Tofu-Gemüse-Pfanne	57
3.59	Polenta mit Pfirsich	58
3.60	Porridge mit Rosinen und Sake	59
3.61	Preiselbeer-Joghurt-Mix	60
3.62	Putenbrust mit Gemüse (asiatisch)	60
3.63	Putenrollen in Tomatenrahm	61
3.64	Reis mit gedämpftem Gemüse	62
3.65	Reis-Congee mit Honigbirne und schwarzem Sesam	63
3.66	Reis-Congee mit Hühnerleber und Bocksdornfrüchten	63
3.67	Rosmarinkartoffeln	64
3.68	Rührei mit Blattsalat-Oliven-Tomaten	65
3.69	Schwarzwurzel mit Joghurt	66

3.70	Sellerie-Kartoffel-Cremesuppe	66
3.71	Spargel-Kräuter-Ragout	67
3.72	Teemischung harnsäuresenkend	68
3.73	Tomaten mit Mozzarella	69
3.74	Tomatensuppe	69
3.75	Wärmende Karottensuppe	70
4	Wirkung der Lebensmittel	71
4.1	Zutaten verwenden: empfehlenswert	71
4.2	Zutaten verwenden: ja	71
4.3	Zutaten verwenden: wenig	77
4.4	Kontraindikativ wirkende Lebensmittel nicht verwenden	78
5	Komplementär	79
5.1	Dekokt (Abkochung)	79
5.1.1	Basilikum	79
5.2	Fertiggetränk	79
5.2.1	Aronia (Apfelbeeren)	79
5.3	Heilbad	80
5.3.1	Bad mit Kamille	80
5.4	Heil-Tee (Aufguss)	80
5.4.1	Baldrian	80
5.4.2	Hirtentäschel	80
5.5	Komplementäre Anwendung	80
5.5.1	Akupunktur	80
5.5.2	Autogenes Training	81
5.5.3	Ayur Veda	82
5.5.4	Einschlafkissen mit Hopfenzapfen	82
5.5.5	Heilfasten	82
5.5.6	Hypnose	83
5.5.7	Lichttherapie	83
5.5.8	Physiotherapie	83
5.5.9	Qi-Gong	84
5.5.10	Selbsthilfegruppen	84
5.6	Öl für Massage	85
5.6.1	Arnika	85
5.7	Speisezugabe	85
5.7.1	Stevia (Süßkraut)	85
5.8	Verschiedene Möglichkeiten	86
5.8.1	Aromatherapie	86
5.8.2	Reishi	86
5.8.3	Salbei Wurzel	86
6	Grundlagen der Ernährung	87
6.1	Ernährung	87
6.2	Rezepte	89

reichhaltigen und sich gegenseitig verstärkenden Kombination vielerlei wirksamer Stoffe zu uns.

Ja zusätzlich zu diesen 3 großen Punkten gibt es immer noch sehr viel zu beachten. Ein optimales Verhältnis von Omega 3 zu Omega 6 Fettsäuren (empfohlen wird 1:3), eine individuell und situationsbedingte Eiweißversorgung und so weiter.

Eine ganz gute und einfache Richtlinie für die alltägliche Ernährung bietet der ideale Teller. Der sieht so aus, dass möglichst jede Mahlzeit zur Hälfte aus pflanzlichen Bestandteilen besteht, ein Viertel der Eiweißversorgung dient und ein Viertel die Mahlzeit durch gute Fette und eventuell Kohlenhydrate abrundet.

Die Feinjustierung rund um die Zubereitungsarten, die Zusammenstellungen und so weiter sehe ich als sehr individuell an. Es gibt meines Erachtens nicht die 1 perfekte Ernährung. Es gibt so viele großartige Philosophien und Studien, die alle wunderbare Heilungen berichten und sich dabei aber gegenseitig ausschließen. Was auf den ersten Blick vielleicht paradox wirkt, eröffnet bei näherer Betrachtung ganz viele Möglichkeiten des Probierens und neuer Chancen.

Neben der Ernährung werden noch folgende Faktoren genannt:
- die Giftstoffbelastung in unserer Umwelt sowie in Pflegeprodukten oder eben in der Ernährung
- eine Balance aus Aktivität, (kurzzeitigem) Stress und der Entspannung wie auch Schlaf
- Aufarbeitung der emotionalen Wunden aus der Vergangenheit und Steigerung der Resilienz
- Biologische Zahnheilkunde
- eine optimierte Versorgung durch Heilkräuter, Heilpilze udgl.
- Früherkennung durch bewährte und schonende Verfahren

1.2 Beschreibung

Druck und Schmerzen im Kopf, Schwindel, Schmerzen in der Herzgegend.
Einteilung: Primäre oder essenzielle Hypertonie (häufigste Form): Ursachen weitgehend unklar
Steht in Beziehung zu bestimmten Lebensgewohnheiten wie Adipositas, zu viel Alkohol und Nikotin, in manchen Fällen zu hoher Salzkonsum
Sekundäre Hypertonie: Beruht auf organischen Störungen.

1.3 Therapiestrategie

Harntreibende Lebensmittel, fettarme Ernährung, Gewichtsreduktion, sofern Übergewicht besteht, weniger Salz.

Omega-3-Fettsäuren tragen zur Senkung des Blutdrucks bei.

Vitamin D Mangel ausgleichen mit Fisch (Lebertran, Makrele, Lachs oder Hering), Pilze, Rinderleber, Emmentaler, Butter, Bio-Eier, Avocados.

Etwa 80 % bis 90 % unserer wichtigsten Vitamin-D-Reserven werden durch die Sonnenbestrahlung vom Körper selbst entwickelt.
Schon 5 bis 15 Minuten pro Tag reichen, um die körpereigene Vitamin D-Produktion anzuregen.

1.4 Vermeiden

Wenn Sie übergewichtig sind, sollte der Verzehr von Fetten eingeschränkt werden. Vorsicht besonders bei versteckten Fetten in Wurst und Käse, Kuchen und Gebäck, Süßwaren und Nüssen. Alkohol und Nikotin meiden.
Stark gesalzene Speisen.

---

2 Speiseplan

Kkal. p. Portion

2.1 Frühstück

Aufgeschlagene Banane	144,0
Bananen-Sojamilch	125,8
Bärlauch-Rührei-Brote	360,2
Birnensaft	180,0
Brokkoli-Parmesan-Aufstrich auf Toastbrot	148,0
Couscous-Salat	338,2
Erdbeer-Joghurt-Mandelmus Mix	134,1
Frischkäseersatz	526,0
Gemüse-Miso-Suppe mit Tofu	107,0
Gemüsenudeln mit Tomatensugo	561,8

Geröstete Hirse mit Pflaumenkompott 139,3
Gerstenbrei mit gedünsteter Birne 113,8
Grießsuppe mit Gemüse 105,5
Hafer-Congee 162,1
Hirse mit Birnen 213,2
Karottendrink 143,0
Karotten-Risotto 308,5
Karottensuppe 104,8
Kompott aus Zwetschgen 22,8
Kürbis-Joghurt-Suppe 68,2
Kürbisklößchen mit Tomaten-Petersiliensoße 380,5
Misosuppe mit Tofu 51,0
Obstsaftgetränk 175,5
Polenta mit Pfirsich 197,2
Porridge mit Rosinen und Sake 427,0
Preiselbeer-Joghurt-Mix 57,1
Reis-Congee mit Honigbirne und schwarzem Sesam 158,9
Rosmarinkartoffeln 188,7
Rührei mit Blattsalat-Oliven-Tomaten 419,7
Teemischung harnsäuresenkend 0,0

2.2 Jause

Apfel-Bananen-Creme 110,4
Bärlauch-Pesto 795,5
Gerstenbrei mit Beeren 112,6

2.3 Mittag

Aubergine mit Olivenöl und Kurkuma 432,3
Aufgeschlagene Banane 144,0
Bananen-Sojamilch 125,8
Bärlauchcremesuppe 239,7
Bärlauch-Knödel 906,0
Bärlauch-Pesto 795,5
Bärlauch-Rührei-Brote 360,2
Birnensaft 180,0
Blattsalat mit Frischkäse 802,0
Blitzschnelle Zucchinisuppe 41,9
Brokkolicrèmesuppe 98,0
Brokkoli-Parmesan-Aufstrich auf Toastbrot 148,0
Buntes Reisgericht 437,3
Champignonsalat mit Kresse 220,0
Couscous-Salat 338,2

Erdbeer-Joghurt-Mandelmus Mix	134,1
Erdbeersuppe mit Melonen	87,0
Feiner russischer Borschtsch	171,7
Fischsuppe mit Rosmarin	271,3
Frischkäseersatz	526,0
Frühlingssalat	162,0
Gemüse-Miso-Suppe mit Tofu	107,0
Gemüsenudeln mit Tomatensugo	561,8
Geröstete Hirse mit Pflaumenkompott	139,3
Geröstete Hirse mit Stangensellerie	400,1
Gerstenbratlinge	398,0
Gerstenbrei mit gedünsteter Birne	113,8
Grießsuppe mit Gemüse	105,5
Gurkensalat	27,0
Hafer-Congee	162,1
Heilbutt mit Tomaten-Knoblauch-Soße	319,1
Hirse mit Birnen	213,2
Hühnersuppe mit Eigelb und Petersilie	117,8
Karottendrink	143,0
Karotten-Risotto	308,5
Karottensuppe	104,8
Karpfensuppe	166,3
Kartoffel-Gnocchi mit Gemüse und Basilikumsoße	166,8
Kohlrabi in Kerbelsoße mit Kartoffeln	187,7
Kompott aus Zwetschgen	22,8
Kürbis-Joghurt-Suppe	68,2
Kürbisklößchen mit Tomaten-Petersiliensoße	380,5
Linsen-Kastanien-Suppe mit Curry	175,0
Mango-Bananen-Joghurt-Drink eiskalt	121,4
Misosuppe mit Tofu	51,0
Obstsaftgetränk	175,5
Orientalische Reispfanne	303,1
Palatschinken mit Spinat und Parmesan	329,7
Paprika-Tomatenreis	291,3
Petersilien-Cremesoße	118,5
Pikante Tofu-Gemüse-Pfanne	241,4
Polenta mit Pfirsich	197,2
Porridge mit Rosinen und Sake	427,0
Preiselbeer-Joghurt-Mix	57,1
Putenbrust mit Gemüse (asiatisch)	535,0
Putenrollen in Tomatenrahm	301,0
Reis mit gedämpftem Gemüse	166,7
Reis-Congee mit Honigbirne und schwarzem Sesam	158,9

Reis-Congee mit Hühnerleber und Bocksdornfrüchten 175,8
Rosmarinkartoffeln 188,7
Rührei mit Blattsalat-Oliven-Tomaten 419,7
Schwarzwurzel mit Joghurt 319,2
Sellerie-Kartoffel-Cremesuppe 112,9
Spargel-Kräuter-Ragout 168,3
Teemischung harnsäuresenkend 0,0
Tomaten mit Mozzarella 436,2
Tomatensuppe 100,5
Wärmende Karottensuppe 133,4

2.4 Nachmittag

Apfel-Bananen-Creme 110,4
Gerstenbrei mit Beeren 112,6

2.5 Abend

Bärlauchcremesuppe 239,7
Birnensaft 180,0
Blitzschnelle Zucchinisuppe 41,9
Brokkolicrèmesuppe 98,0
Champignonsalat mit Kresse 220,0
Erdbeer-Joghurt-Mandelmus Mix 134,1
Erdbeersuppe mit Melonen 87,0
Feiner russischer Borschtsch 171,7
Fischsuppe mit Rosmarin 271,3
Gemüse-Miso-Suppe mit Tofu 107,0
Geröstete Hirse mit Pflaumenkompott 139,3
Grießsuppe mit Gemüse 105,5
Hafer-Congee 162,1
Heilbutt mit Tomaten-Knoblauch-Soße 319,1
Hirse mit Birnen 213,2
Karottendrink 143,0
Karottensuppe 104,8
Karpfensuppe 166,3
Kartoffel-Gnocchi mit Gemüse und Basilikumsoße 166,8
Kohlrabi in Kerbelsoße mit Kartoffeln 187,7
Kompott aus Zwetschgen 22,8
Kürbis-Joghurt-Suppe 68,2
Linsen-Kastanien-Suppe mit Curry 175,0
Mango-Bananen-Joghurt-Drink eiskalt 121,4
Misosuppe mit Tofu 51,0
Obstsaftgetränk 175,5

Orientalische Reispfanne 303,1
Paprika-Tomatenreis 291,3
Petersilien-Cremesoße 118,5
Pikante Tofu-Gemüse-Pfanne 241,4
Polenta mit Pfirsich 197,2
Preiselbeer-Joghurt-Mix 57,1
Putenbrust mit Gemüse (asiatisch) 535,0
Reis mit gedämpftem Gemüse 166,7
Reis-Congee mit Honigbirne und schwarzem Sesam 158,9
Reis-Congee mit Hühnerleber und Bocksdornfrüchten 175,8
Rosmarinkartoffeln 188,7
Sellerie-Kartoffel-Cremesuppe 112,9
Spargel-Kräuter-Ragout 168,3
Teemischung harnsäuresenkend 0,0
Tomatensuppe 100,5
Wärmende Karottensuppe 133,4

3 Rezepte

empfehlenswert = Sie können mehr verwenden
wenig = wenn möglich weniger verwenden
weniger als angegeben = möglichst nicht verwenden

3.1 Apfel-Bananen-Creme

Reguliert Magen-Darm-Funktion, liefert Vitamin C, cholesterinsenkend, entzündungshemmend, harntreibend, fördert Durchblutung.

Anzahl Portionen: 4
Kalorien p. Portion 110
Gramm p. Portion 206,25
Kochdauer ca. 15 Min.
(Kohlehydrat:94,44% / Eiweiß & Fett:5,56%)
100g.≈ Eiweiß 0,84g. Fett:0,51g.
µg. - Ph:3,01 Na:0,49 Ka:38,02 Mg:2,73 Ca:2,25 Fe:0,1 Zn:0,01 Col.:0 Hsr.:3,19

Zutaten:
Apfel (sauer) 400 g. / 400g. (ja)
Wasser 200 ml. / 200g. (ja)
Orange Schale 1/4 Stück / 5g. (ja)
Zitrone Schale 1/2 Stück / 2g. (ja)
Zucker braun 2 TL / 6g. (wenig)
Zimtstange 1 Stück / 0g. (ja)
Banane 1 Stück / 150g. (ja)
Acerola Fruchtnektar oder Pulver 1 TL / 2g. (wenig)
Orangensaft 1/2 Stück / 50g. (wenig)
Zitrone Saft 1 EL / 10g. (ja)

Kochanleitung:
Apfel in feine Spalten schneiden, mit Wasser, Orangen- und Zitronenschale, Zucker und Zimt zum Kochen bringen und ca. 7 Min. köcheln lassen. Die Äpfel sollen fast weich sein. Acerola zufügen und Zimtstange entfernen. Mit dem Mixstab Apfel, Banane, Orangen- und Zitronensaft fein pürieren.

3.2 Aubergine mit Olivenöl und Kurkuma

Fördert Durchblutung, lindert Entzündung und Schmerzen, fördert Verdauung, hilft Fett zu verdauen, ist harntreibend, senkt Blutdruck.
Anzahl Portionen: 2
Kalorien p. Portion 432
Gramm p. Portion 321,5
Kochdauer ca. 30 Min.
Allergene: A
(Kohlehydrat:47,45% / Eiweiß & Fett:52,55%)
100g.≈ Eiweiß 6,14g. Fett:30,66g.
µg. - Ph:12,28 Na:20,77 Ka:85,6 Mg:5,48 Ca:7,09 Fe:0,18 Zn:0,05 Col.:0,02 Hsr.:9,67

Zutaten:
Aubergine 2 Stück / 300g. (ja)
Olivenöl 4 EL / 60g. (ja)
Tomate 4 Stück / 200g. (ja)
Kurkuma (Gelbwurz) 1/2 TL / 1g. (ja)
Kümmel 1 Prise / 1g. (ja)
Salz 1 Prise / 1g. (wenig)
Weißbrot (Weizenbrot) 4 Scheiben / 80g. (wenig)

Kochanleitung:
Aubergine in Scheiben schneiden und mit halbierten Tomaten auf einem Backblech ausbreiten. Mit Olivenöl beträufeln und mit Kurkuma, Kümmel und Salz würzen. Im Ofen 20 Min. backen. Mit dem Weißbrot servieren.

3.3 Aufgeschlagene Banane

2 x tgl. essen, reguliert Magen-Darm-Funktion, wirkt stopfend.
Anzahl Portionen: 1
Kalorien p. Portion 144
Gramm p. Portion 150
Kochdauer ca. 7 Min.
(Kohlehydrat:94,54% / Eiweiß & Fett:5,46%)
100g.≈ Eiweiß 1,65g. Fett:0,3g.
µg. - Ph:28 Na:1 Ka:393 Mg:36 Ca:9 Fe:0,6 Zn:0,2 Col.:0 Hsr.:25

Zutaten:
Banane 1 Stück / 150g. (ja)

Kochanleitung:
Banane mit der Gabel zerdrücken oder mit einem Mixstab pürieren. Mindestens 5 Min. braun werden lassen.

3.4 Bananen-Sojamilch

Gut bei Appetitlosigkeit, Mundschleimhautentzündung. Stärkt Körperenergie, fördert Verdauung, lindert Schmerzen, entgiftet, bakterizid.

Anzahl Portionen: 2
Kalorien p. Portion 126
Gramm p. Portion 263
Kochdauer ca. 5 Min.
Allergene: E
(Kohlehydrat:59,53% / Eiweiß & Fett:40,47%)
100g.≈ Eiweiß 7,49g. Fett:4,14g.
µg. - Ph:21,94 Na:251,11 Ka:110,08 Mg:13,31 Ca:9,78 Fe:0,4 Zn:0,11 Col.:0 Hsr.:33,68

Zutaten:
Banane 1 Stück / 120g. (ja)
Sojabohnenmilch 400 ml. / 400g. (ja)
Honig 1 TL / 3g. (wenig)
Zimtpulver 1 Prise / 1g. (ja)
Acerola Fruchtnektar oder Pulver 1 TL / 2g. (wenig)

Kochanleitung:
Banane in Stücke schneiden, mit Sojamilch, Acerola, Honig und Zimt mit dem Mixstab pürieren.

3.5 Bärlauchcremesuppe

Senkt Blutdruck, stärkt Immunsystem, hilft bei akuter oder chronischer Verstopfung, verbessert die Fließeigenschaften des Blutes.

Anzahl Portionen: 4
Kalorien p. Portion 240
Gramm p. Portion 322,75
Kochdauer ca. 15 Min.
Allergene: GL
(Kohlehydrat:63,31% / Eiweiß & Fett:36,69%)
100g.≈ Eiweiß 3,69g. Fett:21,17g.
µg. - Ph:7,87 Na:6,52 Ka:22,93 Mg:19,04 Ca:75,86 Fe:0,27 Zn:0,01 Col.:0 Hsr.:1,06

Zutaten:
Bärlauch (Knoblauchspinat) 250 g. / 250g. (ja)
Zwiebel Frühlingszwiebel 2 Stück / 40g. (ja)
Grundrezept für eine Gemüsebrühe nahrhaft 3/4 Liter / 750g. (ja)
Sahne, süß 30% 250 g. / 250g. (wenig)
Salz 1 Prise / 1g. (wenig)

Kochanleitung:
Frischen Bärlauch: waschen, vorsichtig trocknen und in feine Streifen schneiden. Getrockneten Bärlauch: ca. 80 g in 40 ml Wasser 10 Min. quellen lassen. Bärlauch mit der feingewürfelten Zwiebel in heißer Butter kurz andünsten, mit der Gemüsebrühe ablöschen und bei mittlerer Hitze 10 Min. köcheln lassen. Die Suppe anschließend pürieren, mit der Schlagsahne verfeinern und mit Salz abschmecken.

3.6 Bärlauch-Knödel

Verbessert Verdauung und Fließeigenschaften des Blutes, senkt Blutdruck und Cholesterinspiegel.
Anzahl Portionen: 4
Kalorien p. Portion 906
Gramm p. Portion 383,25
Kochdauer ca. 30 Min.
Allergene: ACG
(Kohlehydrat:47,33% / Eiweiß & Fett:52,67%)
100g.≈ Eiweiß 30,28g. Fett:15,12g.
µg. - Ph:25,84 Na:57,58 Ka:61,9 Mg:6,13 Ca:17,61 Fe:0,26 Zn:0,04 Col.:1,54 Hsr.:16,93

Zutaten:
Kartoffel (mehlige) 500 g. / 500g. (ja)
Bärlauch (Knoblauchspinat) 200 g / 200g. (ja)
Butter (halbfett) 40 g. / 40g. (ja)
Weizen Mehl 150 g. / 150g. (ja)
Weizen Gries 50 g. / 50g. (ja)
Huhn Eigelb 2 Stück / 20g. (ja)
Zwiebel weiss 1 Stück / 50g. (ja)
Butter (halbfett) 10 g. / 10g. (ja)
Tomate 200 g / 200g. (ja)
Zucker (weiß, aus Rüben) 1 Prise / 1g. (wenig)
Pute Schinken 250 g. / 250g. (ja)
Olivenöl 1 EL / 10g. (ja)
Parmesan 50 g. / 50g. (wenig)
Salz 1 Prise / 1g. (wenig)
Pfeffer gemahlen 1 Prise / 0,5g. ()
Muskatnuss 1 Prise / 0,5g. (ja)

Kochanleitung:
Kartoffeln in Salzwasser kochen, schälen und noch heiß durch die Presse drücken. Frischen Bärlauch: waschen, putzen und kurz in sprudelnd kochendes Salzwasser tauchen (blanchieren). Kalt abschrecken und abtropfen lassen. Den Bärlauch grob hacken. Getrockneten Bärlauch: ca. 100 g in 100 ml Wasser 10 Min. einweichen

lassen und mit dem Wasser verwenden. 50 g der Butter schmelzen. Mehl, Grieß, Eigelbe und flüssige Butter mit der Kartoffelmasse vermischen, Bärlauch einkneten. Mit Salz, Pfeffer und geriebener Muskatnuss würzen und die Masse etwa 15 Min. ruhen lassen. Zwiebel abziehen, fein hacken und in der restlichen Butter andünsten. Kleingeschnittene Tomaten dazugeben, einige Minuten köcheln lassen, mit Salz, Pfeffer und Zucker würzen. Aus der Kartoffelmasse pro Person 3 Knödel formen. In Salzwasser etwa 15 Min. leise köcheln lassen. In der Zwischenzeit den Schinken in Öl leicht braten. Den Käse reiben. Knödel abtropfen lassen, mit dem Schinken, der Tomatensoße und geriebenem Käse servieren.

3.7 Bärlauch-Pesto

Verbessert die Fließeigenschaften des Blutes, hat hohen Vitamin-C-Gehalt, reinigt Magen und Blut, gut bei Arteriosklerose und Bluthochdruck.

Anzahl Portionen: 2
Kalorien p. Portion 796
Gramm p. Portion 165,65
Kochdauer ca. 10 Min.
Allergene: G
(Kohlehydrat:4,31% / Eiweiß & Fett:95,69%)
100g.≈ Eiweiß 14,02g. Fett:82,66g.
µg. - Ph:81,99 Na:64,48 Ka:108,53 Mg:26,4 Ca:78,93 Fe:1,31 Zn:0,29 Col.:1,95 Hsr.:2,53

Zutaten:
Bärlauch (Knoblauchspinat) 125 g. / 125g. (ja)
Parmesan 30 g. / 30g. (wenig)
Pinienkerne 50 g. / 50g. (ja)
Olivenöl 125 g. / 125g. (ja)
Salz 1 Prise / 1g. (wenig)
Pfeffer gemahlen 1 Prise / 0,3g. ()

Kochanleitung:
Frischer Bärlauch: Bärlauchblätter waschen, vorsichtig abtrocknen und in feine Streifen schneiden. Getrockneter Bärlauch: ca. 80 g in 40 ml Wasser 10 Min. quellen lassen. Pinienkerne vorsichtig hellbraun anrösten und mit einem großen Messer sehr fein schneiden oder in einer Mühle reiben. Einige der Kerne zum Garnieren aufheben. Alle Zutaten in ein hohes Gefäß geben und mit einem Mixstab zerkleinern und vermischen. Das Pesto in eine Schüssel oder in ein Glas füllen und im Kühlschrank aufbewahren (Tage bis Wochen haltbar). Man kann Bärlauch-Pesto als Soße zu Spaghetti essen; es schmeckt aber auch zu Kartoffeln oder auf Brot sehr gut.

3.8 Bärlauch-Rührei-Brote

Beruhigt Nerven und Magen, verbessert die Fließeigenschaften des Blutes, löst Verstopfung.
Anzahl Portionen: 2
Kalorien p. Portion 360
Gramm p. Portion 255,75
Kochdauer ca. 10 Min.
Allergene: AC
(Kohlehydrat:39,87% / Eiweiß & Fett:60,13%)
100g.≈ Eiweiß 24,55g. Fett:18,43g.
µg. - Ph:90,55 Na:122,22 Ka:113,66 Mg:15,37 Ca:30,42 Fe:1,24 Zn:0,36 Col.:46,45 Hsr.:10,82

Zutaten:
Bärlauch (Knoblauchspinat) 120 g. / 120g. (ja)
Huhn Ei 4 Stück / 240g. (ja)
Salz 1 Prise / 1g. (wenig)
Pfeffer gemahlen 1 Prise / 0,5g. ()
Vollkornbrot 6 Stück / 150g. (ja)

Kochanleitung:
Frischen Bärlauch: waschen, vorsichtig trocknen und in feine Streifen schneiden. Getrockneten Bärlauch: ca. 80 g in 40 ml Wasser 10 Min. quellen lassen. In einer Pfanne das Öl erhitzen. Die verquirlten Eier, Bärlauch, Salz und Pfeffer mischen, in die Pfanne gießen und so lange rühren, bis sich das Ei von der Pfanne löst und feine Klumpen bildet. Auf Vollkornbrotscheiben anrichten.

3.9 Birnensaft

Fördert Verdauung, harntreibend.
Anzahl Portionen: 2
Kalorien p. Portion 180
Gramm p. Portion 300
Kochdauer ca. 5 min.
(Kohlehydrat:93,06% / Eiweiß & Fett:6,94%)
100g.≈ Eiweiß 1,8g. Fett:1,2g.
µg. - Ph:7,5 Na:1 Ka:62,5 Mg:3,5 Ca:4,5 Fe:0,15 Zn:0,05 Col.:0 Hsr.:7,5

Zutaten:
Birne 3 Stück / 600g. (ja)

Kochanleitung:
Bio-Birnen mit Schale (Vitamine sind vor allem unter der Schale) vierteln, entkernen und in der Saftpresse entsaften.

3.10 Blattsalat mit Frischkäse

Die Bitterstoffe besitzen eine galle- und harntreibende Wirkung und fördern die Durchblutung im Verdauungstrakt mit deutlicher Verbesserung der gesamten Verdauungsfunktion. Senf verbessert Schilddrüsenfunktion und lindert rheumatische Beschwerden.

Anzahl Portionen: 1
Kalorien p. Portion   802
Gramm p. Portion   260,5
Kochdauer ca.   5 min.
Allergene: AFM
(Kohlehydrat:20,86% / Eiweiß & Fett:79,14%)
100g.≈ Eiweiß 22,11g. Fett:52,98g.
µg. - Ph:138,56 Na:312,5 Ka:257,23 Mg:28,83 Ca:84,45 Fe:0,54 Zn:0,48 Col.:0,06 Hsr.:14,62

Zutaten:
Blattsalate (bitter) 2 Portionen / 60g. (empfehlenswert)
Frischkäse aus Soja 150 g. / 150g. (ja)
Senf 1 Messerspitze / 1g. (ja)
Zitrone Saft 1 Schuss / 3g. (ja)
Salz 1 Prise / 1g. (wenig)
Pfeffer gemahlen 1 Prise / 0,5g. ()
Kräuter verschiedene 2 TL / 4g. (ja)
Schwarzkümmel 1 Prise / 1g. (ja)
Vollkornbrot 2 Scheiben / 40g. (ja)

Kochanleitung:
Blattsalat waschen und klein zupfen. 150 g Frischkäse, etwas Senf, einen Spritzer Zitronensaft, 1 Zehe Knoblauch, gehackte frische Kräuter, eine Prise Pfeffer und zerstoßenen Schwarzkümmel verrühren und über den Salat geben. Dazu Vollkornbrot reichen.

3.11 Blitzschnelle Zucchinisuppe

Harntreibend, stärkt Magen-Darm-Funktion, erweitert Blutgefäße, bakterizid, beugt Krebs vor, beugt Krankheiten vor (bei älteren Menschen), regt Leberfunktion an, entgiftet.

Anzahl Portionen: 4
Kalorien p. Portion   42
Gramm p. Portion   241,5
Kochdauer ca.   10 min
(Kohlehydrat:46,03% / Eiweiß & Fett:53,97%)
100g.≈ Eiweiß 1,77g. Fett:2,05g.
µg. - Ph:3,81 Na:0,41 Ka:29,78 Mg:3,2 Ca:5,37 Fe:0,22 Zn:0,01 Col.:0 Hsr.:2,85

Zutaten:
Zucchini 2-3 Stück / 500g. (ja)
Zwiebel weiss 1 Stück / 50g. (ja)
Maiskeimöl 2 EL / 6g. (ja)
Petersilie 1 EL / 7g. (ja)
Lauchzwiebel Schnittlauch 1 TL / 3g. (ja)
Wasser 1/2 Liter / 400g. (ja)

Kochanleitung:
Gehackte Zwiebel in Öl andünsten. In Scheiben geschnittene Zucchini zufügen und gut andünsten. Mit Wasser aufgießen. Petersilie und Schnittlauch grob gehackt zufügen und alles pürieren.

3.12 Brokkolicrèmesuppe

Gegen Thrombose, fördert Schilddrüsenfunktion, stärkt das Immunsystem, fördert Aufbau und Erhalt von gesunden Knochen, Zähnen, Haaren und Nägeln. Senkt Blutdruck, bakterizid, beugt Krebs vor, reduziert Strahlenverletzungen.

Anzahl Portionen: 6
Kalorien p. Portion 98
Gramm p. Portion 251,25
Kochdauer ca. 30 min.
Allergene: LO
(Kohlehydrat:78,7% / Eiweiß & Fett:21,3%)
100g.≈ Eiweiß 4,18g. Fett:1,91g.
µg. - Ph:6,81 Na:2,68 Ka:26,22 Mg:8,36 Ca:32,5 Fe:0,16 Zn:0,01 Col.:0 Hsr.:2,7

Zutaten:
Olivenöl 2-3 EL / 7g. (ja)
Brokkoli 500 g. / 500g. (ja)
Karotte (Mohrrübe, Möhre) 2 Stück / 150g. (ja)
Kartoffel 2 Stück / 120g. (ja)
Zwiebel weiss 1 Stück / 50g. (ja)
Wasser 1 Tasse / 50g. (ja)
Grundrezept für eine Gemüsebrühe nahrhaft 1/2 Liter / 500g. (ja)
Weißwein 1/8 Liter / 125g. (wenig)
Salbei 1 TL / 2g. (ja)
Rosmarin 1 TL / 2g. (ja)
Pfeffer gemahlen 1 Prise / 0,5g. ()
Salz 1 Prise / 1g. (wenig)

Kochanleitung:
Olivenöl in die Pfanne geben, den gewaschenen und in Stücke geschnittenen Brokkoli, gewürfelte Karotten und Kartoffeln zugeben,

kurz andünsten, klein geschnittene Zwiebel zufügen und alles mindestens drei fingerbreit mit Wasser auffüllen. Mit Brühe und ganz wenig Weißwein aufgießen und mit Salz, geschnittenem Salbei und Rosmarin würzen, aufkochen lassen und auf kleinem Feuer ca. 25 Min. köcheln lassen. Mit Pfeffer und evtl. noch mal Meersalz würzen und alles pürieren.

3.13 Brokkoli-Parmesan-Aufstrich auf Toastbrot

Fördert Blutgerinnung, Schilddrüsenfunktion und Eigenaufbau von Vitamin B12. Immun- und abwehrsteigernd, löst Stagnation. Gut bei Aufstoßen, Diabetes, akuter oder chronischer Verstopfung, Appetitlosigkeit.

Anzahl Portionen: 2
Kalorien p. Portion 148
Gramm p. Portion 170,5
Kochdauer ca. 15 Min.
Allergene: AG
(Kohlehydrat:29% / Eiweiß & Fett:71%)
100g.≈ Eiweiß 12,1g. Fett:11,33g.
µg. - Ph:34,79 Na:27,37 Ka:60,2 Mg:5,76 Ca:40,04 Fe:0,24 Zn:0,19 Col.:1,88 Hsr.:6,09

Zutaten:
Brokkoli 200 g / 200g. (ja)
Topfen (Quark) 20% 80 g. / 80g. (ja)
Joghurt (natur, 1,5 % Fett) 1 EL / 10g. (ja)
Parmesan 2 EL / 15g. (wenig)
Zitrone Schale 1/2 TL / 1g. (ja)
Basilikum (frisch) 1 EL / 5g. (ja)
Lauchzwiebel Schnittlauch 1 EL / 5g. (ja)
Salz 1 Prise / 1g. (wenig)
Pfeffer gemahlen 1 Prise / 0,3g. ()
Toastbrot (Vollkorn) 6 Scheiben / 24g. (ja)

Kochanleitung:
Brokkoli zugedeckt in einem Siebeinsatz über Wasserdampf in 8 Min. bissfest garen und fein hacken. Quark, Joghurt, Parmesan und Zitronenschale gut verrühren und mit dem Brokkoli, Basilikum und Schnittlauch vermischen. Den Aufstrich mit Salz und Pfeffer abschmecken und auf dem knusprig getoasteten Brot servieren.

3.14 Buntes Reisgericht

Stärkt Immunsystem, Milz, Magen, Blut, Muskeln, Sehnen und Knochen, fördert Verdauung, hilft Fett zu verdauen, harntreibend, senkt Blutdruck, löst Stagnation, gut gegen Diabetes.

Anzahl Portionen: 3
Kalorien p. Portion 437
Gramm p. Portion 342,67
Kochdauer ca. 45 Min.
Allergene: L
(Kohlehydrat:63% / Eiweiß & Fett:37%)
100g.≈ Eiweiß 17,03g. Fett:10,23g.
µg. - Ph:7,97 Na:4,89 Ka:17,25 Mg:6,38 Ca:18,08 Fe:0,14 Zn:0,11 Col.:1 Hsr.:5,14

Zutaten:
Olivenöl 2 TL / 20g. (ja)
Zwiebel Frühlingszwiebel 1 Stück / 20g. (ja)
Rind Fleisch 125 g. / 125g. (ja)
Reis Vollkorn 80 g. / 80g. (ja)
Grundrezept für eine Gemüsebrühe nahrhaft 300 ml. / 300g. (ja)
Sellerie Knolle 50 g. / 50g. (ja)
Lauch (Porree) 1 Stück / 100g. (ja)
Bohnen (grün, frisch) 150 g. / 150g. (ja)
Karotte (Mohrrübe, Möhre) 1 Stück / 70g. (ja)
Tomate 2 Stück / 100g. (ja)
Salz 1 Prise / 0,5g. (wenig)
Pfeffer gemahlen 1 Prise / 0,2g. ()
Paprika (Rosenpaprikapulver) 1 Prise / 0,5g. (ja)
Kräuter verschiedene 2 EL / 12g. (ja)

Kochanleitung:
Lauch und Karotten waschen, putzen und kleinschneiden. Sellerie würfeln, Tomaten in Scheiben schneiden. In einer großen, tiefen Pfanne Öl erhitzen und die kleingeschnittene Zwiebel zusammen mit dem Hackfleisch darin anbraten. Naturreis und vorbereitetes Gemüse (Sellerie, Lauch, Bohnen, Möhre, Tomaten) dazugeben und kurz mit andünsten. Mit Salz, Pfeffer und Paprika würzen, Gemüsebrühe hinzufügen, aufkochen lassen und bei geringer Hitze ca. 20 bis 30 Min. bei kleiner Hitze und geschlossenem Deckel garen lassen. Mit frischen gehackten Kräutern bestreuen und servieren.

3.15 Champignonsalat mit Kresse

Fördert die Durchblutung und die Verdauung, kuriert Bluthochdruck und Appetitlosigkeit.
Anzahl Portionen: 1
Kalorien p. Portion 220
Gramm p. Portion 312
Kochdauer ca. 5 Min.
Allergene: AN
(Kohlehydrat:56% / Eiweiß & Fett:44%)
100g.≈ Eiweiß 9,74g. Fett:7,08g.
µg. - Ph:105,24 Na:37,35 Ka:366,67 Mg:14,25 Ca:19,03 Fe:1,08 Zn:0,41 Col.:0,02 Hsr.:60,22

Zutaten:
Champignon 250 g. / 250g. (ja)
Sesamöl 2 EL / 6g. (ja)
Pfeffer gemahlen 1 Prise / 0,5g. ()
Salz 1 Prise / 1g. (wenig)
Zitrone 1/2 Stück / 15g. (ja)
Paprika (Rosenpaprikapulver) 2 Prisen / 0,1g. (ja)
Kresse 2 EL / 10g. (ja)
Weißbrot (Weizenbrot) 2 Scheiben / 30g. (wenig)

Kochanleitung:
Champignons feinblättrig schneiden. Dressing: Sesamöl, etwas gemahlenen Pfeffer, Salz, reichlich Zitronensaft und Rosenpaprika gut verrühren. Über die fein geschnittenen Champignons geben und reichlich Kresse untermengen. Dazu passt: Weißbrot, Rundkornreis oder Quinoa. Zusammen mit dem Getreide ergibt der Salat eine einfache und leichte Mahlzeit.

3.16 Couscous-Salat

Bakterizid, beugt Krebs vor, stärkt Magensaftproduktion, fördert Verdauung, regt Leberfunktion an, senkt Blutdruck, stärkt Immunsystem, reduziert Strahlenverletzungen, harntreibend.
Anzahl Portionen: 3
Kalorien p. Portion 338
Gramm p. Portion 285,67
Kochdauer ca. 25 Min.
Allergene: A
(Kohlehydrat:75,44% / Eiweiß & Fett:24,56%)
100g.≈ Eiweiß 12,22g. Fett:7,11g.
µg. - Ph:15,3 Na:17,27 Ka:83,68 Mg:6,5 Ca:21,3 Fe:0,46 Zn:0,07 Col.:0 Hsr.:13,69

Zutaten:
Wasser 250 ml. / 100g. (ja)
Olivenöl 1 EL / 15g. (ja)
Couscous 200 g / 200g. (ja)
Zitrone Saft 3 EL / 30g. (ja)
Zitrone Schale 1 TL / 2g. (ja)
Tomate 2 Stück / 80g. (ja)
Gurke 100 g. / 100g. (ja)
Karotte (Mohrrübe, Möhre) 100 g. / 100g. (ja)
Petersilie 1 Bund / 100g. (ja)
Lauchzwiebel Schnittlauch 1 Bund / 100g. (ja)
Pfefferminze 3 Äste / 30g. (ja)

Kochanleitung:
In einem kleinen Topf 250 ml Wasser mit Salz und 1 EL Olivenöl zum Kochen bringen. Couscous einrühren, vom Herd nehmen und zugedeckt 5 Min. quellen lassen. Couscous zurück auf den Herd stellen und bei milder Hitze weitere ca. 2 Min. unter ständigem leichten Rühren ziehen lassen. Eventuell noch 1-3 EL heißes Wasser untermischen. Couscous mit Zitronensaft, kleingehackter Zitronenschale und 1 EL Öl vermischen, mit Salz und Pfeffer abschmecken und etwas durchziehen lassen. Couscous mit gewürfelten Tomaten und Gurken, geriebenen Karotten, Petersilie, Schnittlauch und Minze (fein gehackt) vermischen. Couscous-Salat mit Zitronensaft, Salz und Pfeffer abschmecken.

3.17 Erdbeer-Joghurt-Mandelmus Mix

Lindert Schmerzen und Entzündungen bei Rheuma, leicht abführend, entgiftet, bakterizid. Gut bei akuter oder chronischer Verstopfung.
Anzahl Portionen: 3
Kalorien p. Portion   134
Gramm p. Portion   303,67
Kochdauer ca.   5 Min.
Allergene: GH
(Kohlehydrat:72,83% / Eiweiß & Fett:27,17%)
100g.≈ Eiweiß 4,53g. Fett:3,36g.
µg. - Ph:14,01 Na:4,45 Ka:50,73 Mg:5,21 Ca:17,13 Fe:0,28 Zn:0,02 Col.:0,12 Hsr.:6,49

Zutaten:
Joghurt (natur, 1,5 % Fett) 200 g / 200g. (ja)
Erdbeere 700 g. / 700g. (ja)
Honig 1 TL / 3g. (wenig)
Acerola Fruchtnektar oder Pulver 1 TL / 2g. (wenig)
Mandelmus 2 TL / 6g. (ja)

Kochanleitung:
Joghurt, Erdbeeren, Acerola, Honig und Mandelmus im Mixer fein pürieren.

3.18 Erdbeersuppe mit Melonen

Lindert Schmerzen und Entzündungen bei Rheuma, ist harntreibend, hilft bei Verstopfung.

Anzahl Portionen: 2
Kalorien p. Portion 87
Gramm p. Portion 285,5
Kochdauer ca. 5 Min.
(Kohlehydrat:86,25% / Eiweiß & Fett:13,75%)
100g.≈ Eiweiß 2,04g. Fett:0,84g.
µg. - Ph:11,96 Na:3,07 Ka:101,16 Mg:6,79 Ca:10,32 Fe:0,28 Zn:0,01 Col.:0 Hsr.:13,35

Zutaten:
Erdbeere 300 g. / 300g. (ja)
Erdbeersaftgetränk 70 ml / 70g. (wenig)
Zitrone Schale 1/4 TL / 1g. (ja)
Honigmelone 200 g / 200g. (ja)

Kochanleitung:
Erdbeeren (frisch oder tiefgekühlt) und Erdbeersaft mit dem Mixstab pürieren und etwas Zucker untermischen. Melonenfruchtfleisch in kleine Stücke schneiden. Die Erdbeersuppe portionsweise anrichten und Melonenwürfel in die süße Suppe setzen.

3.19 Feiner russischer Borschtsch

Stärkt Milz, Magen und Herz, unterstützt die Blutzirkulation, regt Verdauung an, senkt Blutdruck, stärkt Immunsystem. Zur Kräftigung nach Krankheiten, gegen Blähungen, krampflösend bei Magen-Darm-Beschwerden.

Anzahl Portionen: 6
Kalorien p. Portion 171
Gramm p. Portion 368,33
Kochdauer ca. 30 Min
Allergene: AGLO
(Kohlehydrat:81% / Eiweiß & Fett:19%)
100g.≈ Eiweiß 6,07g. Fett:3,32g.
µg. - Ph:1,04 Na:1,82 Ka:4,72 Mg:1,22 Ca:4,74 Fe:0,02 Zn:0 Col.:0,01 Hsr.:0,78

Zutaten:
Rote Rübe 200 g. / 200g. (ja)
Sonnenblumenöl 1 EL / 10g. (ja)
Zwiebel Schalotte 2 Stück / 40g. (ja)
Karotte (Mohrrübe, Möhre) 2 Stück / 140g. (ja)
Sellerie Knolle 1 Stück / 500g. (ja)
Petersilienwurzel 1 Stück / 150g. (ja)
Lauch (Porree) 5 dag. / 50g. (ja)
Grundrezept für eine Gemüsebrühe nahrhaft 3/4 Liter / 650g. (ja)
Lorbeerblatt 1 Blatt / 0,2g. (ja)
Wacholderbeere 2 Stück / 2g. (ja)
Muskatnuss 1 Prise / 1g. (ja)
Wirsing/Grünkohl 200 g. / 200g. (ja)
Salz 1 Prise / 1g. (wenig)
Pfeffer gemahlen 1 Prise / 0,5g. ()
Kümmel 1 Prise / 1g. (ja)
Rotwein 1/8 Liter / 125g. (wenig)
Sauerrahm 15% Fett 1 EL / 10g. (wenig)
Dill 1 TL / 10g. (ja)
Weißbrot (Weizenbrot) 6 Scheiben / 120g. (wenig)

Kochanleitung:
Die Rote Bete in Öl andünsten. In einem anderen Topf Zwiebeln, Karotten, Sellerie, Petersilienwurzel und Lauch gut anbraten. Mit der Brühe und dem Wein aufgießen und dann Lorbeer, Wacholderbeeren und Muskat zugeben und 15 Min. köcheln lassen. Lorbeer entfernen und alles pürieren. Etwas Brühe separat erhitzen und die angedünstete Rote Bete darin weich köcheln. Nach der halben Garzeit Wirsing oder Weißkohl zugeben und leicht ziehen lassen. Am Ende das pürierte Gemüse zugeben und alles mit Salz, Pfeffer, gemahlenem Kümmel und eventuell etwas Rotwein abschmecken. Im Teller mit etwas Sauerrahm und fein gehacktem Dill garnieren. Mit je einer Scheibe Weißbrot servieren.

3.20 Fischsuppe mit Rosmarin

Stärkt Magen, Milz und Leber, senkt Blutdruck, bakterizid, stärkt Immunsystem, beugt Krebs vor, reduziert Strahlenverletzungen, ist cholesterinarm und eiweißreich, fördert Durchblutung, regt Appetit an, antioxidativ, löst Stagnation.

Anzahl Portionen: 4
Kalorien p. Portion 271
Gramm p. Portion 284,25
Kochdauer ca. 30 Min.
Allergene: DLO
(Kohlehydrat:38,39% / Eiweiß & Fett:61,61%)
100g.≈ Eiweiß 15,39g. Fett:14,78g.
µg. - Ph:19,71 Na:7,22 Ka:47,56 Mg:3,06 Ca:5,32 Fe:0,13 Zn:0,03 Col.:0,01 Hsr.:14,36

Zutaten:
Grundrezept für eine Fischbrühe 1/2 Liter / 500g. (ja)
Rosmarin 1/2 Bund / 7g. (ja)
Zwiebel Frühlingszwiebel 1 Stück / 20g. (ja)
Olivenöl 2 EL / 35g. (ja)
Fischstücke gemischt (Süßwasser) 250 g. / 250g. (ja)
Karotte (Mohrrübe, Möhre) 1 Stück / 120g. (ja)
Pastinake 1 Stück / 180g. (ja)
Sellerie Knolle 1 Scheibe / 20g. (ja)
Salz 1 Prise / 1g. (wenig)
Pfeffer Körner 2 Stück / 1g. (ja)
Knoblauch 1 Zehe / 3g. (ja)

Kochanleitung:
Zwiebel und Knoblauch in Öl glasig braten und mit Fischbrühe aufgießen. Gewürfelte Karotte, Pastinake und Sellerie hinzugeben. Mit Salz und Pfefferkörnern würzen. Die Suppe 25 Min. bei schwacher Hitze köcheln lassen. Den Fisch waschen, mit Zitronensaft beträufeln, in Stücke teilen und mit dem abgezupften Rosmarin in die Suppe geben. Alles 5 Min. bei schwacher Hitze garen. Schnittlauch und Petersilie dazugeben und die Suppe mit dem Salz abschmecken.

3.21 Frischkäseersatz

Gut bei Laktoseintoleranz. Gut bei Abwehrschwäche, Appetitlosigkeit, Arteriosklerose, Blähungen, Blasenschwäche, Blutarmut, Bluthochdruck, Depressionen, Diabetes, Durchfall. Stärkt Körperenergie, fördert Verdauung und Gewichtsabnahme.
Anzahl Portionen: 2
Kalorien p. Portion 526
Gramm p. Portion 328
Kochdauer ca. 20 Min.
Allergene: AE
(Kohlehydrat:63,78% / Eiweiß & Fett:36,22%)
100g.≈ Eiweiß 19,62g. Fett:12,76g.
µg. - Ph:65,08 Na:279,59 Ka:111,24 Mg:19,56 Ca:10,6 Fe:0,82 Zn:0,33 Col.:0 Hsr.:32,3

Zutaten:
Sojabohnenmilch 1 Liter / 300g. (ja)
Zitrone 1 Stück / 50g. (ja)
Kräuter verschiedene 2 EL / 6g. (ja)
Vollkornbrot 6 Scheiben / 300g. (ja)

Kochanleitung:
Sojamilch in einen Topf geben, unter gelegentlichem Rühren (brennt leicht an!) zum Kochen bringen und abkühlen lassen. Zitrone auspressen, leicht unter die abgekühlte Sojamilch (ca. 80 Grad) rühren und ca. 20 Min. ruhen bzw. gerinnen lassen. Geronnene Sojamilch durch ein mit dem Geschirrtuch ausgelegtes Sieb gießen, Flüssigkeit ablaufen lassen und danach Restflüssigkeit mit dem Geschirrtuch auspressen. Nach Geschmack mit frischen Kräutern verfeinern. Dazu Vollkornbrot servieren.

3.22 Frühlingssalat

Blutbildend, blutreinigend, harntreibend, entgiftend. Senkt Blutdruck, lindert Entzündungen. Gut bei Magenbeschwerden, Verdauungsschwäche, Verstopfung, Durchfall. Hilft Fett zu verdauen.
Anzahl Portionen: 4
Kalorien p. Portion   162
Gramm p. Portion   210,25
Kochdauer ca.   10 Min.
Allergene: AEMN
(Kohlehydrat:67% / Eiweiß & Fett:33%)
100g.≈ Eiweiß 7,68g. Fett:3,57g.
µg. - Ph:3,64 Na:5,07 Ka:20,01 Mg:1,77 Ca:5,24 Fe:0,18 Zn:0,03 Col.:0 Hsr.:2

Zutaten:
Sauerampfer 150 g. / 150g. (ja)
Löwenzahn (junger) 100 g. / 100g. (ja)
Mungbohnensprossen 75 g. / 75g. (ja)
Kresse 100 g. / 100g. (ja)
Lauchzwiebel Schnittlauch 1 Bund / 50g. (ja)
Tomate 2 Stück / 100g. (ja)
Petersilie 1 Bund / 50g. (ja)
Sesam Paste (Tahini) 2 EL / 16g. (ja)
Sojasauce 1 Schuss / 3g. (ja)
Senf 1/2 TL / 2g. (ja)
Weißbrot (Weizenbrot) 6 Scheiben / 120g. (wenig)

Kochanleitung:
Alle Salatzutaten waschen, mischen und die Soße folgendermaßen zubereiten: Tahin mit Senf, Balsamico-Essig, Tamari, Olivenöl, Schnittlauch und der Hälfte der Petersilie mischen. Die Soße über den Salat gießen und unmittelbar vor dem Servieren die restliche Petersilie drüberstreuen. Mit dem Weißbrot servieren.

3.23 Gemüse-Miso-Suppe mit Tofu

Sehr kräftigend, stärkt nach fiebriger Erkrankung, senkt Blutdruck, stärkt Immunsystem, beugt Krebs vor, reduziert Strahlenverletzungen, fördert Durchblutung, stärkt Magen, Leber und Nieren, entgiftet, stärkt Muskeln, lindert Blähungen.

Anzahl Portionen: 4
Kalorien p. Portion 107
Gramm p. Portion 247,75
Kochdauer ca. 15 Min.
Allergene: EN
(Kohlehydrat:22,33% / Eiweiß & Fett:77,67%)
100g.≈ Eiweiß 1,86g. Fett:9,4g.
µg. - Ph:3,93 Na:13,88 Ka:10,98 Mg:1,98 Ca:4,08 Fe:0,07 Zn:0,01 Col.:0 Hsr.:1,45

Zutaten:
Sesamöl 2 EL / 35g. (ja)
Zwiebel Schalotte 1 Stück / 20g. (ja)
Karotte (Mohrrübe, Möhre) 1 Stück / 70g. (ja)
Lauch (Porree) 5 cm / 10g. (ja)
Wasser 3/4 Liter / 750g. (ja)
Endiviensalat 2 EL / 30g. (ja)
Soja Tofu 2 EL / 30g. (ja)
Ingwer frisch 1/2 TL / 1g. (ja)
Miso 2 EL / 15g. (ja)

Kochanleitung:
In Sesamöl erst Zwiebeln, dann Karotten sowie den Lauch anbraten und mit Wasser aufgießen und leise köcheln lassen. Sojasprossen und Endivienblätter zugeben und ziehen lassen. Tofuwürfel und etwas Ingwer zugeben und zum Schluss in etwas abgekühltem Kochwasser gelöstes Miso einrühren.

3.24 Gemüsenudeln mit Tomatensugo

Schont die Verdauungsorgane, entgiftet. Gut bei Appetitlosigkeit, Blähungen, Darmentzündung, Fettsucht, Gicht, Magengeschwür, Magenkrämpfen, Rheuma, Sodbrennen, Zwölffingerdarmgeschwür. Fördert Verdauung, hilft Fett zu verdauen.

Anzahl Portionen: 2
Kalorien p. Portion 562
Gramm p. Portion 281,1
Kochdauer ca. 45 Min.
Allergene: ACG
(Kohlehydrat:69,56% / Eiweiß & Fett:30,44%)
100g.≈ Eiweiß 14,06g. Fett:21,69g.
µg. - Ph:42,24 Na:6,41 Ka:89,19 Mg:16,12 Ca:13,53 Fe:0,61 Zn:0,2 Col.:8,37 Hsr.:36,02

Zutaten:
Tomate 125 g. / 125g. (ja)
Karotte (Mohrrübe, Möhre) 1 Stück / 80g. (ja)
Zucchini 1 Stück / 80g. (ja)
Olivenöl 1 EL / 15g. (ja)
Zwiebel Schalotte 1 Stück / 20g. (ja)
Oregano getrocknet 1 Prise / 1g. (ja)
Salz 1 Prise / 1g. (wenig)
Pfeffer gemahlen 1 Prise / 0,2g. ()
Nudeln (Weizen) mit Ei 200 g. / 200g. (ja)
Olivenöl 1 EL / 10g. (ja)
Creme fraiche 2 EL / 30g. (wenig)

Kochanleitung:
Tomaten in wenig Wasser kochen, beim Abgießen den Saft auffangen und die Tomaten in Stücke schneiden . Zucchini und Karotte grob raspeln. Olivenöl in einem beschichteten Topf erhitzen und Schalotten darin sehr weich dünsten. Tomaten zugeben, mit Oregano, Salz und Pfeffer würzen und zu einer dicken Soße einköcheln lassen. Reichlich Salzwasser zum Kochen bringen und die Nudeln darin bissfest kochen. In der Zwischenzeit das Olivenöl in einer beschichteten Pfanne erhitzen, die Karottenraspel darin unter Rühren anbraten und leicht salzen. Zucchiniraspel zugeben und ebenfalls unter Rühren kurz anbraten. Das Gemüse soll noch Biss haben. Nudeln abgießen, abtropfen lassen, mit Crème fraîche vermischen und abschmecken mit Salz und Pfeffer. Mit der Tomatensoße garnieren.

3.25 Gemüsesaft

Fördert Verdauung, hilft Fett zu verdauen, harntreibend, senkt Blutdruck, bakterizid, stärkt Magen und Immunsystem, beugt Krebs vor, reduziert Strahlenverletzungen, vertreibt innere Kälte, wirkt anregend.

Anzahl Portionen: 1
Kalorien p. Portion 64
Gramm p. Portion 225
Kochdauer ca. 15 Min.
Allergene: L
(Kohlehydrat:82,23% / Eiweiß & Fett:17,77%)
100g.≈ Eiweiß 2,47g. Fett:0,44g.
µg. - Ph:33,92 Na:30,92 Ka:205,63 Mg:13,57 Ca:34,59 Fe:1,18 Zn:0,33 Col.:0 Hsr.:19,76

Zutaten:
Sellerie Knolle 20 g. / 20g. (ja)
Karotte (Mohrrübe, Möhre) 100 g. / 100g. (ja)
Tomate 100 g. / 100g. (ja)
Knoblauch 1 Stück / 2g. (ja)
Salz 1 TL / 2g. (wenig)
Acerola Fruchtnektar oder Pulver 1/2 TL / 1g. (wenig)

Kochanleitung:
Alle Zutaten schälen, mit dem Entsafter zu einem Getränk verarbeiten und Acerola unterrühren.

3.26 Geröstete Hirse mit Pflaumenkompott

Harntreibend, stärkt Milz und Nieren, stärkt die Abwehr, gut bei Pilzinfektionen.

Anzahl Portionen: 4
Kalorien p. Portion 139
Gramm p. Portion 218,25
Kochdauer ca. 30 Min.
(Kohlehydrat:85% / Eiweiß & Fett:15%)
100g.≈ Eiweiß 3,57g. Fett:1,24g.
µg. - Ph:2,99 Na:0,1 Ka:4,37 Mg:1,68 Ca:0,78 Fe:0,09 Zn:0,03 Col.:0 Hsr.:0,93

Zutaten:
Hirse 1 Tasse / 120g. (ja)
Wasser 2 Tassen / 250g. (ja)
Pflaume 2 Tassen / 250g. (ja)
Vanilleschote 1 Prise / 1g. (ja)
Wasser 250 g. / 250g. (ja)
Zimtpulver 1 Prise / 1g. (ja)
Acerola Fruchtnektar oder Pulver 1/2 TL / 1g. (wenig)

Kochanleitung:
Hirse kurz anrösten, mit Wasser übergießen, kurz aufkochen und 20 Min. quellen lassen. Pflaumen mit Wasser, Vanille und Zimt 10 Min. kochen und abseihen. Acerola dazugeben und zu der Hirse reichen.

3.27 Geröstete Hirse mit Stangensellerie

Stärkt Milz und Nieren, harntreibend, stoffwechselfördernd.
Anzahl Portionen: 2
Kalorien p. Portion 400
Gramm p. Portion 228
Kochdauer ca. 30 min
Allergene: L
(Kohlehydrat:82,09% / Eiweiß & Fett:17,91%)
100g.≈ Eiweiß 7g. Fett:2,59g.
µg. - Ph:44,42 Na:8,59 Ka:31,27 Mg:23,88 Ca:11,01 Fe:1,24 Zn:0,24 Col.:0 Hsr.:12,62

Zutaten:
Hirse 1 Tasse / 120g. (ja)
Wasser 2 Tassen / 240g. (ja)
Sellerie Stangensellerie 2 Stangen / 50g. (ja)
Wasser 2 EL / 30g. (ja)
Kräuter verschiedene 1 EL / 10g. (ja)
Salz 1 Prise / 1g. (wenig)
Salbei 3-4 Blätter / 2g. (ja)
Kresse 1 TL / 3g. (ja)

Kochanleitung:
Hirse kurz anrösten, mit Wasser übergießen, kurz aufkochen und 20 Min. quellen lassen. Stangensellerie klein schneiden, mit Wasser, Salz und frischen Kräutern 10 Min. kochen und zu der Hirse geben. Frischen Salbei oder Kresse kleingehackt darüberstreuen.

3.28 Gerstenbratlinge

Verbessert Verdauung, senkt Cholesterinspiegel. Gut bei Durchfall, Geschwüren, Gliederschmerzen und Magenproblemen. Stärkt Milz, Leber und Immunsystem, senkt Blutdruck, bakterizid, beugt Krebs vor, reduziert Strahlenverletzungen.
Anzahl Portionen: 3
Kalorien p. Portion 398
Gramm p. Portion 292,67
Kochdauer ca. 1 1/2 Stunden
Allergene: ACN
(Kohlehydrat:63% / Eiweiß & Fett:37%)
100g.≈ Eiweiß 8,38g. Fett:19,69g.
µg. - Ph:7,07 Na:4,18 Ka:17,24 Mg:2,02 Ca:2,5 Fe:0,08 Zn:0,04 Col.:2,76 Hsr.:2,93

Zutaten:
Wasser 2 Tassen / 250g. (ja)
Gerstengrütze 1 Tasse / 120g. (ja)
Kartoffel 1 Stück / 140g. (ja)
Karotte (Mohrrübe, Möhre) 1 Stück / 120g. (ja)
Champignon 2-3 Stück / 25g. (ja)
Huhn Ei 1 Stück / 55g. (ja)
Zwiebel weiss 1 Stück / 50g. (ja)
Ingwer frisch 1/2 TL / 1g. (ja)
Pfeffer gemahlen 1 Prise / 0,5g. ()
Salz 1 Prise / 1g. (wenig)
Zitrone 1/2 Stück / 15g. (ja)
Petersilie 2 EL / 15g. (ja)
Paprika (Rosenpaprikapulver) 1 Prise / 1g. (ja)
Sesamöl 2-3 EL / 50g. (ja)
Brötchen (Semmel) 1 Stück / 35g. (wenig)

Kochanleitung:
Vorbereitung: 2 große Tassen heißes Wasser in einen Topf geben, 1 große Tasse Thermo-Gerstengrütze dazugeben und 2 Min. unter Rühren köcheln lassen. Dann 20 Min. auf der ausgeschalteten Herdplatte quellen lassen, herunternehmen und abkühlen lassen. Eine große Kartoffel kleinschneiden und in Wasser kochen. Brötchen in heißem Wasser einweichen und dann gut ausdrücken. Danach die Gerstengrütze, die zerdrückte Kartoffel und das Brötchen vermengen und folgendes zufügen: 1 geraspelte Karotte, 2-3 kleingehackte Champignons, 1 Ei, 1 fein gehackte Zwiebel, ½ TL geriebenen Ingwer, je eine Prise Salz und Pfeffer, etwas Zitronensaft, gehackte Petersilie und reichlich Rosenpaprika. Alles gut durchkneten und Bratlinge formen. In einer heißen Pfanne Sesamöl erhitzen und die Bratlinge etwa 15 Min. bei schwacher Hitze ausbacken. Nach der Hälfte der Zeit wenden. Dazu passt: Blattsalat, Sojasprossengemüse.

3.29 Gerstenbrei mit Beeren

Harntreibend, stärkt Magen, befeuchtet Darm und Haut, entspannt, stillt Husten, führt leicht ab, stärkt Nieren, fördert Verdauung, entgiftet, treibt Schweiß, reduziert Blutfett, regt an, löst Stagnation.

Anzahl Portionen: 5
Kalorien p. Portion 113
Gramm p. Portion 318,6
Kochdauer ca. 2 Stunden
Allergene: A
(Kohlehydrat:82,48% / Eiweiß & Fett:17,52%)
100g.≈ Eiweiß 4,02g. Fett:0,78g.
µg. - Ph:7,36 Na:0,55 Ka:13,46 Mg:3,14 Ca:2,78 Fe:0,08 Zn:0,01 Col.:0 Hsr.:2,4

Zutaten:
Wasser 10 Tassen / 1200g. (ja)
Gerste 1 Tasse / 120g. (ja)
Ingwer frisch 2 Scheiben / 2g. (ja)
Kardamom 3 Kapseln / 1g. (ja)
Salz 1 Prise / 1g. (wenig)
Himbeere 250 g. / 250g. (ja)
Kakao 1 Prise / 1g. (ja)
Gerstenmalz 1 EL / 15g. (ja)
Zitronenmelisse (frisch) 2-4 Blätter / 3g. (ja)

Kochanleitung:
Gerste mit Wasser, Ingwer und Kardamomkapseln in einem großen Topf aufkochen. Mit einem Deckel fest verschließen und auf kleiner Stufe etwa 2 Std. lang kochen. Für 2 Portionen vom gekochten Gerstenbrei etwa 2 Schöpflöffel in eine Schüssel geben. Mit Sonnenblumenkernen, Malz, Kakaopulver und einer Prise Salz verrühren. Frische Beeren in den Brei rühren und mit frischer Minze oder Melisse bestreut servieren. Tipp: Der vorgekochte Gerstenbrei (ohne Früchte) kann gut im Kühlschrank aufbewahrt und sowohl für süße als auch für pikante Gerichte verwendet werden, z.B. mit gedünstetem Gemüse oder mit Kompott aus Früchten der Saison.

3.30 Gerstenbrei mit gedünsteter Birne

Fördert Verdauung, harntreibend, stärkt Milz und Magen, kühlt Blase, befeuchtet Darm und Haut, entspannt, schweißtreibend.

Anzahl Portionen: 5
Kalorien p. Portion 113
Gramm p. Portion 305,8
Kochdauer ca. 25 Min.
Allergene: A
(Kohlehydrat:86% / Eiweiß & Fett:14%)
100g.≈ Eiweiß 3,26g. Fett:0,72g.
µg. - Ph:1,16 Na:0,11 Ka:2,09 Mg:0,44 Ca:0,33 Fe:0,01 Zn:0,01 Col.:0 Hsr.:0,42

Zutaten:
Wasser 10 Tassen / 1200g. (ja)
Gerste 1 Tasse / 120g. (ja)
Ingwer frisch 2 Scheiben / 2g. (ja)
Kardamom 3 Kapseln / 1g. (ja)
Salz 1 Prise / 1g. (wenig)
Birne 1 Stück / 200g. (ja)
Zucker Ursüße (Zuckerrohr) süß 1/2 EL / 5g. (wenig)

Kochanleitung:
Die Gerste zu grobem Schrot mahlen und trocken anrösten. Heißes Wasser aufgießen, Ingwer und Kardamom hinzufügen und bei wenig Hitze zu einem Brei quellen lassen. Birne schälen und würfeln und mit wenig Wasser 10 Min. dünsten. Am Ende die gedünstete Birne mit etwas Butter und Süßmittel zur Gerste geben. Variante: Wenn es morgens schnell gehen soll, kann man an Stelle von Schrot Gerstenflocken verwenden.

3.31 Grießsuppe mit Gemüse

Senkt Blutdruck, stärkt Immunsystem, beugt Krebs vor, stärkt Magen, löst Stagnation, fördert Gewichtsabnahme. Gut bei Abwehrschwäche, Appetitlosigkeit, Blähungen, Bluthochdruck, Depressionen, Diabetes, Durchfall, Rheuma, Sodbrennen, Zwölffingerdarmgeschwü

Anzahl Portionen: 3
Kalorien p. Portion 106
Gramm p. Portion 237,7
Kochdauer ca. 20 Min.
Allergene: AGL
(Kohlehydrat:85,32% / Eiweiß & Fett:14,68%)
100g.≈ Eiweiß 2,38g. Fett:4,25g.
µg. - Ph:8,65 Na:9,11 Ka:25,61 Mg:28,49 Ca:112,45 Fe:0,33 Zn:0,03 Col.:0 Hsr.:5,1

Zutaten:
Grundrezept für eine Gemüsebrühe nahrhaft 1/2 Liter / 500g. (ja)
Weizen Gries 2 EL / 20g. (ja)
Liebstöckel 1/2 TL / 2g. (ja)
Basilikum (frisch) 1/2 TL / 1g. (ja)
Muskatnuss 1 Prise / 0,1g. (ja)
Karotte (Mohrrübe, Möhre) 100 g. / 100g. (ja)
Sellerie Knolle 50 g. / 50g. (ja)
Sahne, süß 30% 3 EL / 30g. (wenig)
Petersilie 1 EL / 10g. (ja)

Kochanleitung:
Grieß ohne Fett in einer Pfanne anrösten. Kleingeschnittene Karotten und Sellerie kurz mitrösten. Mit der Gemüsesuppe aufgießen, mit Liebstöckel und Muskatnuss würzen und 10 Min. köcheln lassen. Vor dem Servieren die Sahne einrühren und mit Petersilie garnieren.

3.32 Grundrezept für eine Fischbrühe

Kräftigt Nieren, harntreibend, senkt Blutdruck, bakterizid, stärkt Immunsystem, beugt Krebs vor, reduziert Strahlenverletzungen, fördert Durchblutung, ist cholesterinarm, eiweißreich und regt Appetit an.

Anzahl Portionen: 5
Kalorien p. Portion 128
Gramm p. Portion 243,8
Kochdauer ca. 40 min.
Allergene: DLO
(Kohlehydrat:33,81% / Eiweiß & Fett:66,19%)
100g.≈ Eiweiß 9,81g. Fett:5,2g.
µg. - Ph:14,91 Na:7,09 Ka:31,5 Mg:2,39 Ca:4,63 Fe:0,11 Zn:0,02 Col.:0,01 Hsr.:11,94

Zutaten:
Fischstücke gemischt (Süßwasser) 300 g. / 300g. (ja)
Sellerie Knolle 120 g. / 120g. (ja)
Lauch (Porree) 5 cm / 10g. (ja)
Karotte (Mohrrübe, Möhre) 2 Stück / 150g. (ja)
Weißwein 1/8 Liter / 125g. (wenig)
Zitrone 1/2 Stück / 50g. (ja)
Lorbeerblatt 2 Blätter / 2g. (ja)
Pfeffer Körner 3 Stück / 2g. (ja)
Olivenöl 1 EL / 10g. (ja)
Wasser 1/2 Liter / 450g. (ja)

Kochanleitung:
Kleingeschnittenen Sellerie, Karotten und Lauch in Olivenöl andünsten,

Lorbeerblatt und Pfefferkörner zugeben, Fischstücke zufügen und kurz mitdünsten. Mit Wasser ablöschen, wenig Weißwein oder Zitrone zugeben und 30 Min. leise köcheln lassen. Mehrmals den entstehenden Schaum abschöpfen. Am Ende die Zutaten durch ein Sieb abseihen.

3.33 Grundrezept für eine Hühnerbrühe

Stärkt Blut, baut Milz und Magen auf, stärkt Knochenmark, senkt Blutdruck, bakterizid, stärkt Immunsystem, beugt Krebs vor, reduziert Strahlenverletzungen, fördert Schwitzen, löst Stagnation. Gut bei Appetitlosigkeit und Blähungen.

Anzahl Portionen: 9
Kalorien p. Portion 90
Gramm p. Portion 244,89
Kochdauer ca. 2-3 Stunden
Allergene: L
(Kohlehydrat:10,44% / Eiweiß & Fett:89,56%)
100g.≈ Eiweiß 15,69g. Fett:11,57g.
µg. - Ph:7,72 Na:5,27 Ka:16,86 Mg:1,2 Ca:3,41 Fe:0,1 Zn:0 Col.:0,25 Hsr.:8,27

Zutaten:
Huhn Fleisch 1/2 Stück / 600g. (ja)
Karotte (Mohrrübe, Möhre) 2 Stück / 150g. (ja)
Lauch (Porree) 1 Stange / 45g. (ja)
Sellerie Knolle 1 Stück / 500g. (ja)
Ingwer frisch 2 Scheiben / 2g. (ja)
Bockshornklee 1 TL / 2g. (ja)
Wacholderbeere 1 TL / 3g. (ja)
Lorbeerblatt 3 Stück / 2g. (ja)
Wasser 1 Liter / 900g. (ja)

Kochanleitung:
Hühnerteile von Fett befreien, in einen Topf mit heißem Wasser geben, kurz aufkochen lassen und entstehenden Schaum abschöpfen. Grob geschnittenes Gemüse und alle Gewürze zugeben und 2-3 Std. bei mittlerer Hitze kochen, dann alles abseihen. Tipp: Wenn Sie das Fleisch als Suppeneinlage verwenden möchten, bereits nach 45 Min. herausnehmen und nur die Knochen in der Suppe lassen.

3.34 Grundrezept für eine nahrhafte Gemüsebrühe

Senkt Blutdruck und Blutfett, bakterizid, stärkt Immunsystem, beugt Krebs vor, stärkt Magen, löst Stagnation, fördert Gewichtsabnahme, hilft bei Appetitlosigkeit, Blähungen, Bluthochdruck, Depressionen, Diabetes, Durchfall.

Anzahl Portionen: 5
Kalorien p. Portion 48
Gramm p. Portion 240,6
Kochdauer ca. 2-3 Stunden
Allergene: L
(Kohlehydrat:71,3% / Eiweiß & Fett:28,7%)
100g.≈ Eiweiß 1,57g. Fett:1,31g.
µg. - Ph:4,86 Na:3,67 Ka:25,68 Mg:1,8 Ca:6,32 Fe:0,1 Zn:0,01 Col.:0 Hsr.:2,78

Zutaten:
Olivenöl 1 EL / 4g. (ja)
Zwiebel weiss 1 Stück / 60g. (ja)
Karotte (Mohrrübe, Möhre) 3 Stück / 200g. (ja)
Pastinake 150 g. / 150g. (ja)
Sellerie Knolle 1 Tasse / 100g. (ja)
Ingwer frisch 1/2 TL / 2g. (ja)
Zitrone 1/2 Stück / 25g. (ja)
Wacholderbeere 6 Stück / 6g. (ja)
Thymian getrocknet 1 Prise / 1g. (ja)
Liebstöckel 1 EL / 3g. (ja)
Lorbeerblatt 2 Blätter / 1g. (ja)
Salz 1 Prise / 1g. (wenig)
Wasser 3/4 Liter / 650g. (ja)

Kochanleitung:
Gemüse würfelig schneiden. Öl in einem Topf erhitzen, die Zwiebel und das Gemüse darin anbraten, Ingwer und Lorbeer zugeben. Mit kaltem Wasser aufgießen, Zitronensaft zufügen und mit Wacholder, Thymian und Liebstöckel würzen. 2-3 Std. auf kleiner Stufe zugedeckt köcheln lassen. Brühe durch ein Sieb streichen und im Kühlschrank aufbewahren. Sie dient als Suppengrundlage und verfeinert Gemüse, Hülsenfrüchte oder Getreide.

3.35 Grundrezept für eine Reissuppe (Congee)

Niedriger Fettgehalt, zur Entwässerung des Körpers bei Übergewicht und Bluthochdruck.

Anzahl Portionen: 3
Kalorien p. Portion 140
Gramm p. Portion 273,33
Kochdauer ca. 2-4 Stunden
(Kohlehydrat:89,71% / Eiweiß & Fett:10,29%)
100g.≈ Eiweiß 2,96g. Fett:0,48g.
µg. - Ph:5,85 Na:0,58 Ka:5,02 Mg:3,41 Ca:1,72 Fe:0,03 Zn:0,02 Col.:0 Hsr.:6,34

Zutaten:
Reis Sorte beliebig 1 Tasse / 120g. (ja)
Wasser 6 Tassen / 700g. (ja)

Kochanleitung:
Man kocht Reis und Wasser in einem Verhältnis von etwa 1:6. Die Menge des Wassers bestimmt die Dicke des Breis (reine Geschmackssache). Der Reis quillt unwahrscheinlich auf, nehmen Sie also nicht viel. Geben Sie den Reis in einen Topf mit einem schweren Deckel. Wichtig ist, den Reis nach kurzem Aufkochen nur auf kleinster Stufe köcheln zu lassen, da er sonst anbrennt. Kochen Sie den Reis 2-4 Stunden. Je länger er kocht, desto stärkender wirkt er. Wenn Sie das Gericht zum Frühstück essen möchten, können Sie den Reis auch kurz vor dem Zubettgehen aufsetzen. Sicherheitshalber sollten Sie vorher einmal unter Beobachtung für eine ähnlich lange Zeit das Verhalten Ihres Topfes und Herdes prüfen, damit nichts anbrennt.

3.36 Gurkensalat

Gurke kühlt und befeuchtet, entgiftet, unterdrückt Umwandlung von Zucker in Fett, senkt Cholesterinspiegel, beugt Krebs vor, ist harntreibend. Dill wirkt gegen Blähungen, ist krampflösend bei Magen-Darm-Beschwerden.

Anzahl Portionen: 2
Kalorien p. Portion 27
Gramm p. Portion 206
Kochdauer ca. 5 min.
Allergene: O
(Kohlehydrat:68% / Eiweiß & Fett:32%)
100g.≈ Eiweiß 1,61g. Fett:0,4g.
µg. - Ph:5,92 Na:2,32 Ka:35,15 Mg:2,16 Ca:4,03 Fe:0,12 Zn:0,05 Col.:0 Hsr.:1,94

Zutaten:
Gurke 1 Stück / 400g. (ja)
Salz 1 Prise / 1g. (wenig)
Dill 1 Prise / 1g. (ja)
Essig (Apfelessig) 1 EL / 10g. (ja)

Kochanleitung:
Bio-Gurke mit Schale, konventionelle Gurke schälen, dünn schneiden und würzen.

3.37 Hafer-Congee

Stärkt Abwehrkraft, unterstützt Wehen.
Anzahl Portionen: 3
Kalorien p. Portion 162
Gramm p. Portion 275
Kochdauer ca. 2-4 Stunden
Allergene: A
(Kohlehydrat:73,58% / Eiweiß & Fett:26,42%)
100g.≈ Eiweiß 7,04g. Fett:2,88g.
µg. - Ph:17,27 Na:0,69 Ka:17,93 Mg:6,8 Ca:5,45 Fe:0,3 Zn:0,09 Col.:0 Hsr.:7,53

Zutaten:
Hafer 1 Tasse / 125g. (ja)
Wasser 6 Tassen / 700g. (ja)

Kochanleitung:
Hafer und Wasser in einem Verhältnis von etwa 1:6 kochen. Die Menge des Wassers bestimmt die Dicke des Breis (reine Geschmackssache). Der Hafer quillt auf, nehmen Sie also nicht zu viel. Geben Sie den Hafer in einen Topf mit guter Isolierung und schwerem Deckel. Wichtig ist, den Hafer nach kurzem Aufkochen nur noch auf kleinster Flamme köcheln zu lassen, da er sonst anbrennt. Kochen Sie den Hafer 2-4 Stunden. Je länger er gekocht hat, desto stärkender wirkt er.

3.38 Heilbutt mit Tomaten-Knoblauch-Soße

Fördert Verdauung, hilft Fett zu verdauen, harntreibend, senkt Blutdruck, liefert wertvolle Omega-3 Fettsäuren. Gut bei Rheuma, Blähungen, Blasenschwäche, Blutarmut, Bluthochdruck, Depressionen, Diabetes, Durchfall.

Anzahl Portionen: 5
Kalorien p. Portion 319
Gramm p. Portion 297,6
Kochdauer ca. 45 Min.
Allergene: D
(Kohlehydrat:35,73% / Eiweiß & Fett:64,27%)
100g.≈ Eiweiß 34,97g. Fett:9,44g.
µg. - Ph:24,12 Na:43,88 Ka:35,39 Mg:5,15 Ca:4,4 Fe:0,11 Zn:0,01 Col.:0,82 Hsr.:23,91

Zutaten:
Reis Sorte beliebig 1 Tasse / 120g. (ja)
Wasser 6 Tassen / 240g. (ja)
Salz 1 Prise / 1g. (wenig)
Heilbutt 1 Kg / 800g. (ja)
Salz 1 Prise / 1g. (wenig)
Pfeffer gemahlen 1 Prise / 0,5g. ()
Zitrone Saft 1 Spritzer / 2g. (ja)
Lorbeerblatt 2 Stück / 2g. (ja)
Zitrone 1 Stück / 30g. (ja)
Knoblauch 8 Stück / 10g. (ja)
Thymian getrocknet 1 EL / 5g. (ja)
Oliven 75 g. / 75g. (ja)
Tomate 4 Stück / 200g. (ja)
Salz 1 Prise / 1g. (wenig)
Pfeffer gemahlen 1 Prise / 0,5g. ()

Kochanleitung:
Reis im Salzwasser gar kochen. Den Fisch unter fließend kaltem Wasser abspülen, mit Küchenkrepp abtupfen und mit Salz, Pfeffer und Zitronensaft einreiben. Die Fischfilets in eine Auflaufform legen und mit Stücken der Lorbeerblätter belegen Die Zitrone heiß abwaschen und in Spalten schneiden, den Knoblauch schälen und halbieren. Die Oliven darauf verteilen und mit Thymian bestreuen. Die Tomaten mit heißem Wasser überbrühen, häuten und grob würfeln. Alle Zutaten mischen, mit Salz und Pfeffer würzen und um den Fisch herum verteilen. Alles bei 200 Grad (Umluft 180, Gas Stufe 3) ca. 20 Min. garen. Mit dem Reis anrichten. Zu diesem wohlschmeckenden Fischgericht passt ein gemischter Salat.

3.39 Hirse mit Birnen

Erfrischend und nährend, fördert Verdauung, harntreibend, stillt Husten, treibt Schweiß, senkt Blutfett, regt an, löst Stagnation, baut Leber auf, stärkt Muskeln, befeuchtet Darm, senkt Cholesterinspiegel, antiparasitär.

Anzahl Portionen: 5
Kalorien p. Portion 213
Gramm p. Portion 238,4
Kochdauer ca. 35 Min.
Allergene: G
(Kohlehydrat:85,54% / Eiweiß & Fett:14,46%)
100g.≈ Eiweiß 3,91g. Fett:3,24g.
µg. - Ph:9,48 Na:0,56 Ka:21,43 Mg:4,96 Ca:2,64 Fe:0,24 Zn:0,02 Col.:0 Hsr.:3,84

Zutaten:
Hirse 1 Tasse / 120g. (ja)
Wasser 2 Tassen / 200g. (ja)
Traubensaft rot 2 Tassen / 240g. (ja)
Birne 4 Stück / 600g. (ja)
Ingwer frisch 1/2 TL / 2g. (ja)
Salz 1 Prise / 1g. (wenig)
Acerola Fruchtnektar oder Pulver 1 TL / 2g. (wenig)
Kakao 1 Prise / 1g. (ja)
Sonnenblumenkerne 2 EL / 4g. (ja)
Gerstenmalz 1/2 TL / 2g. (ja)
Sahne, süß 30% 2 TL / 20g. (wenig)

Kochanleitung:
Hirse in heißem Wasser aufsetzen und gar kochen. Danach: Traubensaft im Topf erwärmen und kleingeschnittene Birnen, sehr wenig geriebenen Ingwer, eine kleine Prise Salz, Acerola und eine Prise Kakao dazugeben und kurz andünsten. Die gekochte Hirse, Sonnenblumenkerne, etwas Gerstenmalz nach Belieben, 1 TL Sahne pro Portion oder etwas Butter untermengen und erhitzen.

3.40 Hühnersuppe mit Eigelb und Petersilie

Stärkt Blut, Knochenmark, Immunsystem und Sehkraft, baut Milz und Magen auf, senkt Blutdruck, bakterizid, harmonisiert Leber und Milz, entgiftet. Petersilie regt Leberfunktion an.

Anzahl Portionen: 2
Kalorien p. Portion 118
Gramm p. Portion 260
Kochdauer ca. 10 Min.
Allergene: CL
(Kohlehydrat:82,37% / Eiweiß & Fett:17,63%)
100g.≈ Eiweiß 16,35g. Fett:2,49g.
µg. - Ph:13,95 Na:17,66 Ka:18 Mg:49,59 Ca:138,8 Fe:0,55 Zn:0,05 Col.:6,53 Hsr.:4,43

Zutaten:
Grundrezept für eine Hühnerbrühe wärmend 1/2 Liter / 500g. (ja)
Huhn Eigelb 1 Stück / 10g. (ja)
Petersilie 1 EL / 10g. (ja)

Kochanleitung:
Brühe erhitzen und das Eigelb darin verquirlen. Die gehackte Petersilie drüberstreuen und ca. 2 Min. ziehen lassen und dann in kleinen Schlucken trinken.

3.41 Karottendrink

Stärkt Milz und Leber, senkt Blutdruck, bakterizid, stärkt Immunsystem, beugt Krebs vor, reduziert Strahlenverletzungen, harntreibend, aufbauend, augenstärkend, entgiftend, gewebe- und nervenstärkend.

Anzahl Portionen: 1
Kalorien p. Portion 143
Gramm p. Portion 265
Kochdauer ca. 15 Min.
Allergene: H
(Kohlehydrat:81% / Eiweiß & Fett:19%)
100g.≈ Eiweiß 3,78g. Fett:2,5g.
µg. - Ph:43,4 Na:22,3 Ka:117,79 Mg:18,2 Ca:36,26 Fe:1,83 Zn:0,55 Col.:0 Hsr.:17,98

Zutaten:
Hirseflocken 1 EL / 10g. (ja)
Karotte (Mohrrübe, Möhre) 400 g. / 200g. (ja)
Mandelmus 1 TL / 3g. (ja)
Honig 1/2 TL / 2g. (wenig)
Wasser 50 ml. / 50g. (ja)

Kochanleitung:
Hirseflocken mit 50 ml kaltem Wasser übergießen und 10 Min. quellen lassen. Die frischen Karotten entsaften oder 200 ml Karottensaft verwenden. Hirseflocken, Karottensaft, Mandelmus und Honig mit dem Mixer fein pürieren.

3.42 Karotten-Risotto

Stärkt Immunsystem, regt Leberfunktion an. Gut bei Appetitlosigkeit, Blähungen, Bluthochdruck, Depressionen, Diabetes, Durchfall.

Anzahl Portionen: 2
Kalorien p. Portion 308
Gramm p. Portion 340,8
Kochdauer ca. 45 Min.
Allergene: GL
(Kohlehydrat:83,67% / Eiweiß & Fett:16,33%)
100g.≈ Eiweiß 8,5g. Fett:5,99g.
µg. - Ph:27,11 Na:19,13 Ka:58,22 Mg:32,31 Ca:116,16 Fe:0,67 Zn:0,11 Col.:0,3 Hsr.:14,66

Zutaten:
Olivenöl 1/2 EL / 5g. (ja)
Zwiebel Frühlingszwiebel 2 EL / 7g. (ja)
Muskatnuss 1 Prise / 0,3g. (ja)
Petersilie 1/2 Bund / 25g. (ja)
Reis Sorte beliebig 100 g. / 100g. (ja)
Karotte (Mohrrübe, Möhre) 250 g. / 250g. (ja)
Grundrezept für eine Gemüsebrühe nahrhaft 300 ml. / 280g. (ja)
Fenchelsamen gemahlen 1/4 TL / 1g. (ja)
Basilikum (frisch) 1/2 TL / 2g. (ja)
Salz 1 Prise / 1g. (wenig)
Pfeffer gemahlen 1 Prise / 0,3g. ()
Parmesan 1 EL / 10g. (wenig)

Kochanleitung:
In einer flachen Pfanne das Öl erhitzen, die Zwiebeln darin glasig und sehr weich dünsten. Petersilie zugeben und kurz andünsten. Reis, Karotten und Muskat zufügen und unter Rühren kurz andünsten. Mit der Gemüsebrühe aufgießen, mit Fenchel und Basilikum würzen, alles zum Kochen bringen und ca. 20 Min. kochen, bis Reis und Karotten gut durch sind. Dabei ab und zu umrühren und bei Bedarf etwas Gemüsebrühe nachgießen. Das Risotto soll leicht suppig sein. Kurz vor Ende der Garzeit den Weißwein untermischen und das Risotto noch kurz aufköcheln lassen, dann vom Herd nehmen und Parmesan untermischen.

3.43 Karottensuppe

Stärkt Milz und Leber, senkt Blutdruck, bakterizid, stärkt Immunsystem, beugt Krebs vor, reduziert Strahlenverletzungen, fördert Durchblutung, verbessert Medikamentenwirkung, regt Appetit und Leberfunktion an.

Anzahl Portionen: 4
Kalorien p. Portion 104
Gramm p. Portion 275,75
Kochdauer ca. 30 min.
Allergene: O
(Kohlehydrat:71% / Eiweiß & Fett:29%)
100g.≈ Eiweiß 2,47g. Fett:2,63g.
µg. - Ph:1,6 Na:1,04 Ka:5,89 Mg:0,68 Ca:1,62 Fe:0,07 Zn:0,02 Col.:0 Hsr.:2,36

Zutaten:
Karotte (Mohrrübe, Möhre) 500 g. / 500g. (ja)
Pfeffer gemahlen 1 Prise / 0,5g. ()
Muskatnuss 1 Prise / 1g. (ja)
Salz 1 Prise / 1g. (wenig)
Weißwein 1/8 Liter / 125g. (wenig)
Orangensaft alternativ zum Wein / g. (wenig)
Petersilie 2 EL / 10g. (ja)
Paprika (Rosenpaprikapulver) 1 Prise / 1g. (ja)
Thymian getrocknet alternativ zu Rosenpaprika / g. (ja)
Pinienkerne 1 EL / 15g. (ja)
Sonnenblumenkerne alternativ zu Pinienkerne / g. (ja)
Wasser 1/2 Liter / 450g. (ja)

Kochanleitung:
Karotten schälen, in große Stücke schneiden und in heißem Wasser gar kochen, danach pürieren. Mit gemahlenem Pfeffer, etwas Muskat und einer Prise Salz würzen. Einen Schuss Weißwein oder alternativ Orangensaft zugeben und einige weitere Minuten köcheln lassen. Rosenpaprika oder frischen Thymian unterrühren. Petersilie drüber streuen und vor dem Servieren mit gerösteten Pinien- oder Sonnenblumenkernen bestreuen.

3.44 Karpfensuppe

Fördert Milchfluss und Schwitzen, löst Stagnation, senkt Blutdruck, bakterizid, stärkt Immunsystem, fördert Durchblutung, verbessert Medikamentenwirkung, regt Appetit an, stärkt Magen-Darm-Funktion, erweitert Blutgefäße.

Anzahl Portionen: 6
Kalorien p. Portion 166
Gramm p. Portion 316,5
Kochdauer ca. 2 Stunden
Allergene: DO
(Kohlehydrat:28% / Eiweiß & Fett:72%)
100g.≈ Eiweiß 17,89g. Fett:4,48g.
µg. - Ph:2,23 Na:1,04 Ka:3,86 Mg:0,52 Ca:1,11 Fe:0,01 Zn:0,01 Col.:0,61 Hsr.:14,01

Zutaten:
Karpfen 500 g. / 500g. (ja)
Salz 1 Prise / 1g. (wenig)
Essig (Apfelessig) 1 TL / 3g. (ja)
Thymian 1 Zweig / 3g. (ja)
Wacholderbeere 8 Stück / 3g. (ja)
Karotte (Mohrrübe, Möhre) 2 Stück / 200g. (ja)
Lauch (Porree) 1 Stück / 200g. (ja)
Zwiebel weiss 1 Stück / 60g. (ja)
Ingwer frisch 1/2 TL / 2g. (ja)
Lorbeerblatt 3 Blatt / 1g. (ja)
Weißwein 1/8 Liter / 125g. (wenig)
Basilikum 3 Blatt / 1g. (ja)
Wasser 1 Liter / 800g. (ja)

Kochanleitung:
Vorbereitung: Im Fischgeschäft die Filets von einem mittelgroßen, ganzen Karpfen herauslösen lassen und Fischkopf, Rückgrat mit Gräten und Schwanz ebenfalls einpacken lassen. Die Filetstücke in 1 cm große Würfel schneiden, etwas salzen und beiseite stellen.
Fischkopf, Rückgrat mit Gräten und Schwanz des Karpfens in reichlich kaltem Wasser zum Kochen bringen und den Schaum abschöpfen. Einen Spritzer Essig, einen Zweig frischen Thymian und Wacholderbeeren zufügen. Karotte, ein Stück Lauch und grob zerkleinerte Zwiebel dazugeben und mit einer dicken Scheibe Ingwer, einigen Pfefferkörnern, 1 Lorbeerblatt und Salz würzen. Etwa 1,5 Std. köcheln lassen und den Fond durch ein Sieb gießen. Die Karpfenstücke mit einem Schuss Weißwein in einen Topf geben. Rosenpaprika, Basilikumblättchen, fein gestiftelte Karotten, getrockneten Thymian und den Fond zugeben und erwärmen. Die Zutaten ca. 5 Min. kochen

lassen, bis die Fischstücke gar sind. Varianten: Die Suppe mit Kuzu oder Kartoffelbrei andicken. Dazu passt: Baguette und trockener Weißwein.

3.45 Kartoffel-Gnocchi mit Gemüse und Basilikumsoße

Stärkt Immunsystem, fördert Gewichtsabnahme, entkrampft, beruhigt. Gut bei Abwehrschwäche, Appetitlosigkeit, Blähungen, Bluthochdruck.

Anzahl Portionen:	4
Kalorien p. Portion	166
Gramm p. Portion	290,25
Kochdauer ca.	1 Stunde
Allergene:	ACGL
(Kohlehydrat:75% / Eiweiß & Fett:25%)
100g.≈ Eiweiß 6,54g. Fett:4,63g.
µg. - Ph:3,26 Na:1,11 Ka:13,57 Mg:2,45 Ca:9,39 Fe:0,06 Zn:0,02 Col.:1,36 Hsr.:1,49

Zutaten:
Kartoffel 250 g. / 250g. (ja)
Weizen Mehl 25 g. / 25g. (ja)
Weizen Gries 15 g. / 15g. (ja)
Huhn Eigelb 1 Stück / 20g. (ja)
Muskatnuss 1 Prise / 0,2g. (ja)
Grundrezept für eine Gemüsebrühe nahrhaft 250 ml. / 250g. (ja)
Sellerie Knolle 50 g. / 50g. (ja)
Zitrone Schale 1/2 TL / 2g. (ja)
Ingwer frisch 1/2 TL / 2g. (ja)
Muskatnuss 1 Prise / 0,2g. (ja)
Basilikum (frisch) 1 Bund / 125g. (ja)
Creme fraiche 1 EL / 20g. (wenig)
Salz 1 Prise / 1g. (wenig)
Pfeffer gemahlen 1 Prise / 0,2g. ()
Karotte (Mohrrübe, Möhre) 100 g. / 100g. (ja)
Zucchini 100 g. / 100g. (ja)
Blumenkohl (Karfiol) 100 g. / 100g. (ja)
Brokkoli 100 g. / 100g. (ja)
Salz 1 Prise / 1g. (wenig)

Kochanleitung:
Kartoffeln in der Schale weich dämpfen, abziehen und heiß durch die Kartoffelpresse drücken. Die heißen Kartoffeln mit Mehl, Grieß, Ei, Muskat und Salz zu einem glatten Teig verarbeiten. Teig 3o Min. ruhen lassen. Aus dem Teig mit mehlbestäubten Händen kleine Röllchen (2 cm) formen und davon 1 cm dünne Scheibchen abschneiden. Damit die typische Gnocchiform entsteht, die Teigscheibchen mit dem Daumen

etwas eindellen. Gnocchi in leicht kochendem Salzwasser 6-8 Min. ziehen lassen und mit dem Schaumlöffel aus dem Topf heben. Gemüsebrühe zum Kochen bringen. Würfelig geschnittenen Sellerie, geriebene Zitronenschale, feingehackten Ingwer und eine gute Prise Muskat zufügen. Zugedeckt ca. 10 Min. köcheln lassen und alles zusammen mit gehacktem Basilikum und der Crème fraîche mit dem Mixstab zu einer glatten Soße pürieren. Mit Salz und Muskat abschmecken. Karotten, Zucchini, Blumenkohl und Brokkoli kleinschneiden und zugedeckt in einem Siebeinsatz über Wasserdampf in 8 Min. bissfest garen. Soße nochmals erhitzen, zum Gemüse geben und über den Gnocchi anrichten.

3.46 Kohlrabi in Kerbelsoße mit Kartoffeln

Lindert Entzündungen, senkt Cholesterinspiegel, harntreibend, leitet Darmwinde ab, stärkt Immunsystem, beugt Krebs vor, fördert Gewichtsabnahme. Gut bei Appetitlosigkeit, Blähungen, Bluthochdruck, Depressionen, Diabetes, Durchfall.

Anzahl Portionen: 4
Kalorien p. Portion 188
Gramm p. Portion 316,85
Kochdauer ca. 1 Stunde
Allergene: GL
(Kohlehydrat:79,34% / Eiweiß & Fett:20,66%)
100g.≈ Eiweiß 8,67g. Fett:2,51g.
µg. - Ph:11,79 Na:4,12 Ka:100,2 Mg:13,9 Ca:60,61 Fe:0,16 Zn:0,02 Col.:0,06 Hsr.:3,63

Zutaten:
Kartoffel 6 Stück / 450g. (ja)
Grundrezept für eine Gemüsebrühe nahrhaft 300 ml. / 300g. (ja)
Kartoffel 100 g. / 100g. (ja)
Muskatnuss 1 Prise / 0,2g. (ja)
Zitrone Schale 1/2 TL / 2g. (ja)
Ingwer frisch 1/2 TL / 2g. (ja)
Liebstöckel 1/2 TL / 2g. (ja)
Kohlrabi 300 g. / 300g. (ja)
Salz 1 Prise / 1g. (wenig)
Pfeffer gemahlen 1 Prise / 0,2g. ()
Sauerrahm 15% Fett 3 EL / 30g. (wenig)
Kerbel getrocknet 1 Bund / 80g. (ja)

Kochanleitung:
Die 6 Kartoffeln in Salzwasser weich kochen. Die Hälfte der Gemüsebrühe zum Kochen bringen. 100G gewürfelte Kartoffeln, Muskat, Zitronenschale, Ingwer und Liebstöckel dazugeben. Kartoffeln

zugedeckt ca. 10 Min. weich kochen und alles mit dem Mixstab zu einer glatten Soße pürieren. Restliche Gemüsebrühe zum Kochen bringen. Kohlrabi in Würfel schneiden, zufügen und zugedeckt ca. 8 Min. kochen. Die Kartoffelsoße unterrühren und alles kurz erhitzen. Mit dem Mixstab Kerbel und Sauerrahm fein pürieren. Die Kerbelcreme mit dem Kohlrabigemüse vermischen und mit den gekochten und geschälten Kartoffeln anrichten.

3.47 Kompott aus Zwetschgen

Krebsvorbeugende Wirkung, entwässert, regt die Verdauung an und bindet Fette im Darm.
Anzahl Portionen: 2
Kalorien p. Portion   23
Gramm p. Portion   170,5
Kochdauer ca.   10 Min.
(Kohlehydrat:93,33% / Eiweiß & Fett:6,67%)
100g.≈ Eiweiß 0,32g. Fett:0,07g.
µg. - Ph:3,46 Na:0,68 Ka:35,88 Mg:1,61 Ca:5,39 Fe:0,07 Zn:0,03 Col.:0 Hsr.:2,93

Zutaten:
Zwetschken 100 g. / 100g. (ja)
Wasser 2 Tassen / 240g. (ja)
Zimtpulver 1 Prise / 1g. (ja)

Kochanleitung:
Zwetschgen im Wasser weich kochen und mit etwas Zimt bestreuen.

3.48 Kürbis-Joghurt-Suppe

Befeuchtet, entspannt, senkt Blutdruck, stärkt Immunsystem, fördert Gewichtsabnahme. Gut bei Abwehrschwäche, Appetitlosigkeit, Blähungen, Depressionen, Diabetes, Durchfall.
Anzahl Portionen: 4
Kalorien p. Portion   68
Gramm p. Portion   239
Kochdauer ca.   15 Min.
Allergene: GL
(Kohlehydrat:82,83% / Eiweiß & Fett:17,17%)
100g.≈ Eiweiß 2,37g. Fett:1,31g.
µg. - Ph:7,17 Na:3,58 Ka:26,41 Mg:11,21 Ca:43,83 Fe:0,07 Zn:0,01 Col.:0,05 Hsr.:1,4

Zutaten:
Grundrezept für eine Gemüsebrühe nahrhaft 300 ml. / 300g. (ja)
Hokkaidokürbis 500 g. / 500g. (ja)
Ingwer frisch 1/2 TL / 2g. (ja)
Fenchelsamen gemahlen 1/2 TL / 1g. (ja)
Anis (gemeiner Fenchel) 1/4 TL / 1g. (ja)
Joghurt (natur, 1,5 % Fett) 150 g. / 150g. (ja)
Pfefferminze 2 Blätter / 1g. (ja)
Salz 1 Prise / 1g. (wenig)

Kochanleitung:
Gemüsebrühe (nach Grundrezept) zum Kochen bringen. Gewürfelten Kürbis, kleingehackten Ingwer, zerstoßene Fenchelsamen und Anis dazugeben und Suppe zugedeckt ca. 12 Min. köcheln lassen, bis der Kürbis weich ist und dann vom Herd nehmen. Mit dem Mixstab die Suppe mit dem Joghurt fein pürieren und mit feingehackter Minze bestreut servieren.

3.49 Kürbisklößchen mit Tomaten-Petersiliensoße

Schont die Verdauungsorgane, beruhigt Nerven und Magen, hilft Fett zu verdauen, senkt Blutdruck, regt Leberfunktion an, löst Stagnation.
Anzahl Portionen: 2
Kalorien p. Portion 381
Gramm p. Portion 277,35
Kochdauer ca. 30 Min.
Allergene: ACG
(Kohlehydrat:60,39% / Eiweiß & Fett:39,61%)
100g.≈ Eiweiß 20,46g. Fett:11,68g.
µg. - Ph:70,84 Na:40,59 Ka:124,45 Mg:12,56 Ca:44,62 Fe:0,87 Zn:0,25 Col.:22,16 Hsr.:24,25

Zutaten:
Hokkaidokürbis 100 g. / 100g. (ja)
Huhn Ei 2 Stück / 120g. (ja)
Weizen Mehl 100-150 g. / 120g. (ja)
Salz 1 Prise / 1g. (wenig)
Pfeffer gemahlen 1 Prise / 0,5g. ()
Muskatnuss 1 Prise / 0,2g. (ja)
Zitrone Schale 1/2 TL / 2g. (ja)
Parmesan 2 EL / 20g. (wenig)
Zwiebel Frühlingszwiebel 2 Stück / 40g. (ja)
Tomate 100 g. / 100g. (ja)
Petersilie 1/2 Bund / 50g. (ja)
Salz 1 Prise / 1g. (wenig)

Kochanleitung:
Kürbis mit einem scharfen Messer schälen, die Kerne entfernen und das Fruchtfleisch in große Würfel schneiden. Kürbis in Alufolie wickeln und im vorgeheizten Ofen bei 200 Grad 20 Min. backen. Eventuell ausgetretenen Kürbissaft abgießen. Kürbis mit der Gabel fein zerdrücken und mit den Eiern verrühren. So viel Mehl zugeben, bis ein Teig entstanden ist, aus welchem sich Klößchen abstechen lassen. Die Masse mit Zitronenschale, Salz, Pfeffer und Muskat würzen. Mit einem Teelöffel kleine Klößchen abstechen und im kochenden Salzwasser ca. 7 Min. ziehen lassen. In einer Pfanne die Zwiebeln glasig rösten und die Tomatenwürfel, Salz und die gehackte Petersilie kurz mit andünsten. Kürbisklößchen portionsweise mit der Tomaten-Petersilien-Soße anrichten und Parmesan dazu reichen.

3.50 Linsen-Kastanien-Suppe mit Curry

Senkt Blutdruck, bakterizid, stärkt Immunsystem, beugt Krebs vor, reduziert Strahlenverletzungen, stärkt Magen, löst Stagnation, fördert Gewichtsabnahme. Gut bei Abwehrschwäche, Appetitlosigkeit, Blähungen, Bluthochdruck, Depressionen, Diabetes, Durchfall.
Anzahl Portionen: 4
Kalorien p. Portion   175
Gramm p. Portion   238,25
Kochdauer ca.   45 Min.
Allergene: LO
(Kohlehydrat:83% / Eiweiß & Fett:17%)
100g.≈ Eiweiß 4,17g. Fett:4,33g.
µg. - Ph:2,67 Na:3,8 Ka:7,98 Mg:4,63 Ca:15,86 Fe:0,06 Zn:0,02 Col.:0 Hsr.:2,07

Zutaten:
Linsen rot 150 g. / 150g. (ja)
Kastanien (Maronen) 150 g. / 150g. (ja)
Olivenöl 1 EL / 10g. (ja)
Curry 2 TL / 8g. (ja)
Grundrezept für eine Gemüsebrühe nahrhaft 1/2 Liter / 500g. (ja)
Kurkuma (Gelbwurz) 1 TL / 2g. (ja)
Weißwein 1/8 Liter / 125g. (wenig)
Salz Kräutersalz 1 Prise / 1g. (wenig)
Anis (gemeiner Fenchel) 1 Prise / 1g. (ja)
Kardamom 1 Prise / 0,5g. (ja)
Petersilie 2 EL / 6g. (ja)

Kochanleitung:
Olivenöl in eine Pfanne geben, Kastanien darin kurz andünsten, Curry drüberstreuen, Linsen zugeben und mit Gemüsebrühe aufgießen. Ganz wenig Weißwein zugeben, Kurkuma untermischen, aufkochen lassen und rund 20 Min. köcheln lassen, bis die Kastanien weich sind. Anschließend die Suppe pürieren und abschmecken mit einer Prise Anis, Kardamom und Kräutersalz. Am Schluss klein geschnittene Petersilie drüberstreuen.

3.51 Mango-Bananen-Joghurt-Drink eiskalt

Harntreibend, stärkt Magen, beugt Krebs vor, reguliert Magen-Darm-Funktion. Gut bei Appetitlosigkeit, Mundschleimhautentzündung, chronischer Verstopfung.
Anzahl Portionen: 2
Kalorien p. Portion 121
Gramm p. Portion 226
Kochdauer ca. 5 Min.
Allergene: G
(Kohlehydrat:86,93% / Eiweiß & Fett:13,07%)
100g.≈ Eiweiß 2,73g. Fett:1,05g.
µg. - Ph:15,94 Na:7,47 Ka:102,09 Mg:10,74 Ca:22,08 Fe:0,14 Zn:0,04 Col.:0,28 Hsr.:5,73

Zutaten:
Mangosaft 100 ml. / 100g. (wenig)
Joghurt (natur, 1,5 % Fett) 100 g. / 100g. (ja)
Mineralwasser 100 ml. / 100g. (ja)
Banane 1/2 Stück / 150g. (ja)
Acerola Fruchtnektar oder Pulver 1 TL / 2g. (wenig)

Kochanleitung:
Alle Zutaten und 2-3 Eiswürfel im Mixer fein pürieren.

3.52 Misosuppe mit Tofu

Liefert Vitamine, Mineralien, Enzyme und sekundäre Pflanzenwirkstoffe. Alginsäure entgiftet den Darm, löst Stagnation. Belebt, entgiftet, stärkt das Immunsystem, fördert Verdauung, stärkt Magen, lindert Blähungen.
Anzahl Portionen: 3
Kalorien p. Portion 51
Gramm p. Portion 231,33
Kochdauer ca. 5 min.
Allergene: E
(Kohlehydrat:43,33% / Eiweiß & Fett:56,67%)
100g.≈ Eiweiß 4,44g. Fett:1,66g.
µg. - Ph:11,31 Na:58,1 Ka:19,06 Mg:5,88 Ca:7,16 Fe:0,06 Zn:0,01 Col.:0 Hsr.:3,33

Zutaten:
Wakame 1 Stück / 5g. (ja)
Miso 3-4 EL / 30g. (ja)
Soja Tofu 50 g. / 50g. (ja)
Wasser 1/2 Liter / 500g. (ja)
Sojasauce 1 Schuss / 3g. (ja)
Zwiebel Frühlingszwiebel 1/2 EL / 6g. (ja)

Kochanleitung:
Wasser, Sojakeimlinge, Wakamealge und in Würfel geschnittenen Tofu 5 Min. aufwärmen. Misopaste in Suppenteller geben und langsam mit heißer Suppe übergießen. Mit Tamari abschmecken. Eventuell Frühlingszwiebeln dazugeben.

3.53 Obstsaftgetränk

Stoppt Durchfall, fördert Verdauung, appetitanregend, harmonisiert Magen, lindert Schmerzen, entgiftet, bakterizid, senkt Blutdruck, stärkt Immunsystem, beugt Krebs vor, reduziert Strahlenverletzungen.
Anzahl Portionen: 2
Kalorien p. Portion   175
Gramm p. Portion   305
Kochdauer ca.   10 Min.
(Kohlehydrat:93% / Eiweiß & Fett:7%)
100g.≈ Eiweiß 1,89g. Fett:0,9g.
µg. - Ph:4,99 Na:2,24 Ka:37,45 Mg:2,36 Ca:6,04 Fe:0,21 Zn:0,05 Col.:0 Hsr.:4,3

Zutaten:
Orange 2 Stück / 150g. (ja)
Apfel (süß) 4 Stück / 300g. (ja)
Karotte (Mohrrübe, Möhre) 2 Stück / 150g. (ja)
Honig 1 EL / 10g. (wenig)

Kochanleitung:
Orangen und Karotten schälen, alle Zutaten würfelig schneiden, damit sie in die Saftpresse passen und entsaften, mit Honig süßen.

3.54 Orientalische Reispfanne

Stärkt Magen, Nieren und Blase, löst Stagnation, fördert Gewichtsabnahme, hilft Fett zu verdauen und liefert zahlreiche Vitamine, Gut bei Appetitlosigkeit, Blähungen, Bluthochdruck.

Anzahl Portionen: 6
Kalorien p. Portion 303
Gramm p. Portion 271,83
Kochdauer ca. 30 Min.
Allergene: EL
(Kohlehydrat:81,36% / Eiweiß & Fett:18,64%)
100g.≈ Eiweiß 9,51g. Fett:5,44g.
µg. - Ph:14,12 Na:4,25 Ka:29,82 Mg:11,83 Ca:25,45 Fe:0,16 Zn:0,01 Col.:0 Hsr.:12,22

Zutaten:
Reis Vollkorn 180 g. / 180g. (ja)
Grundrezept für eine Gemüsebrühe nahrhaft 600 ml. / 500g. (ja)
Curry 1/2 TL / 2g. (ja)
Zwiebel Frühlingszwiebel 4 Stück / 80g. (ja)
Rapsöl 2 EL / 20g. (ja)
Paprika 120 g. / 120g. (ja)
Mais 80 g. / 80g. (ja)
Shiitake, getrocknet 20 g. / 80g. (ja)
Bambussprossen 80 g. / 80g. (ja)
Erbsen 80 g. / 80g. (ja)
Pfirsich 60 g. / 60g. (ja)
Ananas 60 g. / 60g. (ja)
Tomate 200 g / 200g. (ja)
Liebstöckel 1 TL / 2g. (ja)
Basilikum (frisch) 1 TL / 2g. (ja)
Petersilie 1 TL / 2g. (ja)
Zitronenmelisse (frisch) 1 TL / 2g. (ja)
Pfeffer gemahlen 1 Prise / 1g. ()

Kochanleitung:
Die Pilze 20 Min. in Wasser einweichen. Den Reis in der Gemüsebrühe 15 Min. kochen und mit etwas Curry würzen .Die Zwiebel schälen und in kleine Würfel schneiden. Öl in einer Pfanne erhitzen, die Zwiebelwürfel darin andünsten .Paprika waschen, halbieren, Kerngehäuse entfernen, in Würfel schneiden und zufügen. Mais, Pilze und Bambussprossen dazu geben und in 5 Min. bissfest garen. Sojasprossen, Erbsen, Pfirsich- und Ananaswürfel ebenfalls zugeben und anschließend die geschälten, kleingeschnittenen Tomaten dazugeben. Den gegarten Reis zugeben und mit den Kräutern und Pfeffer abschmecken.

3.55 Palatschinken mit Spinat und Parmesan

Fördert Ausscheidung und Durchblutung, stärkt Magen, Darm und Immunsystem. Gut bei Appetitlosigkeit, Blähungen, Bluthochdruck.

Anzahl Portionen: 6
Kalorien p. Portion 329
Gramm p. Portion 303
Kochdauer ca. 25 Min.
Allergene: ACGL
(Kohlehydrat:46% / Eiweiß & Fett:54%)
100g.≈ Eiweiß 17,5g. Fett:18,52g.
µg. - Ph:3,27 Na:3,24 Ka:6,47 Mg:0,96 Ca:4,52 Fe:0,05 Zn:0,02 Col.:1,32 Hsr.:1,02

Zutaten:
Vollkornmehl 100 g. / 100g. (ja)
Weizen Mehl 100 g. / 100g. (ja)
Huhn Ei 4 Stück / 200g. (ja)
Kuhmilch (Vollmilch 3,5 % Fett) 400 ml. / 400g. (ja)
Salz 1 Prise / 1g. (wenig)
Sonnenblumenöl 1 EL / 15g. (ja)
Olivenöl 1 EL / 15g. (ja)
Zwiebel weiss 1 Stück / 50g. (ja)
Petersilie 1/2 Bund / 80g. (ja)
Grundrezept für eine Gemüsebrühe nahrhaft 150 ml. / 150g. (ja)
Basilikum (frisch) 1/4 TL / 1g. (ja)
Muskatnuss 1 Prise / 0,3g. (ja)
Creme fraiche 3 EL / 45g. (wenig)
Spinat 600 g. / 600g. (ja)
Salz 1 Prise / 1g. (wenig)
Pfeffer gemahlen 1 Prise / 0,1g. ()
Parmesan 60 g. / 60g. (wenig)

Kochanleitung:
Mehl, Eier, Milch und eine Prise Salz mit dem Schneebesen glatt rühren. Aus dem Teig Palatschinken auf beiden Seiten knusprig braun braten. Öl in einem kleinen Topf erhitzen und kleingeschnittene Zwiebel darin gut weich dünsten. Kleingehackte Petersilie unterrühren und kurz mitdünsten. Mit der Gemüsebrühe (nach Grundrezept) aufgießen, mit Basilikum und Muskat würzen und zugedeckt 15 Min. köcheln lassen. Crème fraîche zugeben und alles fein pürieren. Den gewaschenen tropfnassen Spinat mit etwas Salz in einem geschlossenen Topf bei mäßiger Hitze 3 Min. kochen, in einem Sieb abtropfen lassen und in kleine Stücke schneiden. Spinat in die Soße einrühren und kurz erhitzen. Parmesan untermischen. Die Palatschinken mit dem Rahmspinat füllen.

3.56 Paprika-Tomatenreis

Cholesterin-, eiweiß- und fettarm, stärkt Magen, löst Stagnation, fördert Gewichtsabnahme. Gut bei Abwehrschwäche, Appetitlosigkeit, Blähungen, Bluthochdruck, Diabetes, Depressionen.

Anzahl Portionen: 3
Kalorien p. Portion 291
Gramm p. Portion 324
Kochdauer ca. 25 Min.
Allergene: L
(Kohlehydrat:89% / Eiweiß & Fett:11%)
100g.≈ Eiweiß 7,63g. Fett:2,54g.
µg. - Ph:10,3 Na:1,31 Ka:15,5 Mg:9,5 Ca:22,5 Fe:0,14 Zn:0,06 Col.:0 Hsr.:4,12

Zutaten:
Zwiebel weiss 1 Stück / 50g. (ja)
Paprika 4 stück / 120g. (ja)
Lorbeerblatt 2 Stück / 1g. (ja)
Nelke 2 Stück / 1g. (ja)
Grundrezept für eine Gemüsebrühe nahrhaft 400 g. / 400g. (ja)
Reis Vollkorn 200 g / 200g. (ja)
Champignon 60 g. / 60g. (ja)
Petersilie 20 g. / 20g. (ja)
Pfeffer gemahlen 1 Prise / 0,2g. ()
Paprika (Rosenpaprikapulver) 1 Prise / 0,2g. (ja)
Tomate 120 g. / 120g. (ja)

Kochanleitung:
Die Zwiebel fein würfeln und die Paprika in feine Streifen schneiden. Margarine in einem Topf erhitzen, Zwiebel und Paprika sowie Reis darin andünsten und mit der Gemüsebrühe aufgießen. Nelken und Lorbeerblätter dazugeben und im geschlossenen Topf ca. 20 Min. ausquellen lassen. Das Tomatenfleisch in 1 cm große Würfel schneiden und 5 Min. vor Garzeitende zum Reis geben.

3.57 Petersilien-Cremesoße

Senkt Blutdruck, stärkt Immunsystem, stärkt Magen, löst Stagnation, verbessert Verdauung, senkt Cholesterinspiegel, regt Leberfunktion an, entgiftet.

Anzahl Portionen: 2
Kalorien p. Portion 118
Gramm p. Portion 234
Kochdauer ca. 25 Min.
Allergene: GL
(Kohlehydrat:81% / Eiweiß & Fett:19%)
100g.≈ Eiweiß 2,91g. Fett:5,51g.
µg. - Ph:9,31 Na:4,41 Ka:34,59 Mg:20,78 Ca:79,47 Fe:0,2 Zn:0,07 Col.:1,12 Hsr.:1,84

Zutaten:
Grundrezept für eine Gemüsebrühe nahrhaft 300 g. / 300g. (ja)
Kartoffel 100 g. / 100g. (ja)
Petersilie 1 Bund / 15g. (ja)
Muskatnuss 1 Prise / 0,5g. (ja)
Koriander 1/2 TL / 1g. (ja)
Sauerrahm 15% Fett 50 g. / 50g. (wenig)
Fenchelsamen gemahlen 1/2 TL / 1g. (ja)
Ingwer Pulver 1 Prise / 0,5g. (ja)

Kochanleitung:
Gemüsebrühe (nach Grundrezept) mit geschälten, gewürfelten Kartoffeln, der Hälfte der fein gehackten Petersilie und Muskat zum Kochen bringen. Zugedeckt köcheln lassen, bis die Kartoffeln weich sind. Mit dem Mixstab Gemüsebrühe, Kartoffeln, die restliche frisch gehackte Petersilie, Fenchel, Ingwer und Sauerrahm zu einer glatten Soße pürieren.

3.58 Pikante Tofu-Gemüse-Pfanne

Stärkt Magen, lindert Verstopfung, entgiftet, lindert Entzündungen, verbessert Durchblutung, fördert Schwitzen, löst Stagnation, lindert Blähungen, senkt Blutdruck, bakterizid, stärkt Immunsystem, beugt Krebs vor, reduziert Strahlenverletzungen.

Anzahl Portionen: 4
Kalorien p. Portion 241
Gramm p. Portion 329,38
Kochdauer ca. 25 Min.
Allergene: EN
(Kohlehydrat:67,31% / Eiweiß & Fett:32,69%)
100g.≈ Eiweiß 7,37g. Fett:7,33g.
µg. - Ph:15,05 Na:17,26 Ka:39,42 Mg:9,54 Ca:13,3 Fe:0,3 Zn:0,02 Col.:0,01 Hsr.:7,29

Zutaten:
Sesamöl 2 EL / 20g. (ja)
Karotte (Mohrrübe, Möhre) 2 Stück / 100g. (ja)
Fenchel 1 Stück / 250g. (ja)
Lauch (Porree) 1 Stück / 200g. (ja)
Salz 1 Prise / 1g. (wenig)
Kurkuma (Gelbwurz) 1 Prise / 1g. (ja)
Zitrone Saft 1 Spritzer / 1g. (ja)
Soja Tofu 1 Paket / 120g. (ja)
Pfeffer gemahlen 1 Prise / 0,5g. ()
Sojasauce 1 Schuss / 3g. (ja)
Reis Vollkorn 1 Tasse / 120g. (ja)
Wasser 6 Tassen / 500g. (ja)
Salz 1 Prise / 1g. (wenig)

Kochanleitung:
In einem heißen Wok oder einer heißen Pfanne Sesamöl erhitzen. Kleingeschnittene Karotten, Fenchel und Lauchscheiben darin anbraten und mit Salz, einem Spritzer Zitronensaft und Kurkuma würzen. Tofuwürfel 1-2 Min. mitbraten. Pfeffer dazugeben und zugedeckt etwa 5 Min. schmoren lassen, dann mit Sojasoße beträufeln. Den Reis in gesalzenem Wasser aufkochen lassen und bei kleiner Hitze ca. 15 Min. quellen lassen.

3.59 Polenta mit Pfirsich

Lindert Müdigkeit, stärkt Magen, harntreibend, stärkt die Abwehr, gegen Pilzinfektionen, lässt Gallensaft fließen, beugt Alterungsprozessen vor, stärkt Gehirnzellen.

Anzahl Portionen: 3
Kalorien p. Portion 197
Gramm p. Portion 254,03
Kochdauer ca. 20 min
(Kohlehydrat:89,44% / Eiweiß & Fett:10,56%)
100g.≈ Eiweiß 4,48g. Fett:0,6g.
µg. - Ph:8,27 Na:0,36 Ka:35,48 Mg:2,78 Ca:3,07 Fe:0,14 Zn:0,02 Col.:0 Hsr.:4,67

Zutaten:
Wasser 2 Tassen / 240g. (ja)
Mais Gries (Polenta) 1 Tasse / 120g. (ja)
Pfirsich 2-3 Stück / 400g. (ja)
Vanilleschote 1 Prise / 1g. (ja)
Chili (Schote oder gemahlen) 1 Prise / 0,1g. (ja)
Zimtpulver 1 Prise / 1g. (ja)

Kochanleitung:
Die Polenta in einen Topf mit heißem Wasser unter ständigem Rühren einrieseln lassen, bis die gewünschte Konsistenz erreicht ist. Vom Herd nehmen und ca. 10 Min. ausquellen lassen. Frische Pfirsiche waschen, vierteln und in die fertige Polenta hineinschneiden. Vanille und nach Geschmack Chili unterrühren und 3 Min. ziehen lassen. Wintervariante: eingelegtes Obst, Birne, Apfel.

3.60 Porridge mit Rosinen und Sake

Stärkt Abwehrkraft, fördert Durchblutung, verbessert Medikamentenwirkung, regt Appetit an, entschlackt die Haut, regt Nerven an, befreit Atmung, erhöht Körpertemperatur, treibt Schweiß.
Anzahl Portionen: 1
Kalorien p. Portion 427
Gramm p. Portion 356
Kochdauer ca. 10 Min.
Allergene: AGO
(Kohlehydrat:66,81% / Eiweiß & Fett:33,19%)
100g.≈ Eiweiß 11,78g. Fett:16,8g.
µg. - Ph:107,91 Na:22,97 Ka:150,88 Mg:29,72 Ca:60,08 Fe:0,83 Zn:0,87 Col.:2,11 Hsr.:25,96

Zutaten:
Hafer Flocken (Vollkorn) 8 EL / 60g. (ja)
Wasser 1/8 Liter / 125g. (ja)
Kuhmilch (Vollmilch 3,5 % Fett) 1/8 Liter / 125g. (ja)
Salz 1 Prise / 1g. (wenig)
Sahne, süß 30% 2 EL / 20g. (wenig)
Rosinen 1 EL / 15g. (wenig)
Sake 1 EL / 10g. (ja)

Kochanleitung:
Wasser und Milch mit einer Prise Salz aufkochen. 4 EL grobe Haferflocken einstreuen und zu einem Brei verkochen. 4 EL feine Haferflocken mitkochen, vom Herd nehmen und ausquellen lassen. In einer vorgewärmten Schüssel anrichten und mit flüssiger Sahne übergießen, Rosinen und Sake untermischen.

3.61 Preiselbeer-Joghurt-Mix

Gut bei akuter oder chronischer Verstopfung, Mundschleimhautentzündung, Durchfall, Blähungen, Reizdarm.
Anzahl Portionen: 2
Kalorien p. Portion 57
Gramm p. Portion 197,5
Kochdauer ca. 5 Min.
Allergene: GO
(Kohlehydrat:75,06% / Eiweiß & Fett:24,94%)
100g.≈ Eiweiß 2,13g. Fett:1,02g.
µg. - Ph:14,34 Na:11,73 Ka:26,32 Mg:5,43 Ca:33,22 Fe:0,03 Zn:0,03 Col.:0,4 Hsr.:0,41

Zutaten:
Joghurt (natur, 1,5 % Fett) 125 g. / 125g. (ja)
Preiselbeermarmelade 2 EL / 20g. (wenig)
Mineralwasser 250 ml. / 250g. (ja)

Kochanleitung:
Joghurt, Preiselbeer-Marmelade und Mineralwasser mit dem Standmixer schaumig rühren.

3.62 Putenbrust mit Gemüse (asiatisch)

Stärkt Blut, baut Milz und Magen auf, stärkt Knochenmark, löst Stagnation, fördert die Verdauung, kuriert Bluthochdruck, befeuchtet Lunge und Dickdarm, gut gegen Depressionen. Reis zur Entwässerung des Körpers bei Übergewicht und Bluthochdruck.
Anzahl Portionen: 2
Kalorien p. Portion 535
Gramm p. Portion 371
Kochdauer ca. 45 Min.
Allergene: AEN
(Kohlehydrat:54% / Eiweiß & Fett:46%)
100g.≈ Eiweiß 31,92g. Fett:18,02g.
µg. - Ph:27,73 Na:66,82 Ka:46,74 Mg:7,57 Ca:3,14 Fe:0,2 Zn:0,21 Col.:4,05 Hsr.:15,18

Zutaten:
Reis Sorte beliebig 1 Tasse / 120g. (ja)
Wasser 6 Tassen / 240g. (ja)
Pute Brustfleisch 200 g / 200g. (ja)
Ingwer frisch 1 cm. / 3g. (ja)
Knoblauch 1 Stück / 2g. (ja)
Sojasauce 2 EL / 20g. (ja)
Weizen Mehl 2 TL / 15g. (ja)
Zwiebel Frühlingszwiebel 2 Stück / 40g. (ja)
Paprika 1/2 Stück / 10g. (ja)

Champignon 8 Stück / 30g. (ja)
Sesamöl 2 EL / 20g. (ja)
Sojasauce 1 EL / 12g. (ja)
Curry 1 Prise / 2g. (ja)
Kurkuma (Gelbwurz) 1 Prise / 2g. (ja)
Chili (Schote oder gemahlen) 1 Prise / 1g. (ja)
Cashewnüsse 2 TL / 25g. (ja)

Kochanleitung:
Reis im Salzwasser gar kochen. Das Putenfleisch in schmale Streifen schneiden. Ingwer und Knoblauch schälen und würfeln und zusammen mit den Fleischstreifen in eine Schüssel geben. 1 EL Sojasoße mit der Weizenstärke vermischen und glattrühren. Danach über das Fleisch geben und alles 30 Min. marinieren. Frühlingszwiebeln und Paprika waschen, putzen und in kleine Stücke schneiden. Die Champignons putzen und vierteln.1 EL des Sesamöls in eine beschichtete Pfanne geben und das marinierte Putenfleisch scharf anbraten und warm stellen. Nun das restliche Öl in die Pfanne geben und das andere Gemüse darin anbraten. Das Fleisch dazugeben und mit Sojasoße und den Gewürzen abschmecken. Mit dem Reis anrichten. Die Cashewkerne vor dem Servieren über das Gericht streuen.

3.63 Putenrollen in Tomatenrahm

Verbessert Verdauung, senkt Cholesterinspiegel, stärkt Blut und Knochenmark, baut Milz und Magen auf, kuriert Bluthochdruck, hilft Fett zu verdauen, hilft gegen Blähungen und Übelkeit.
Anzahl Portionen: 2
Kalorien p. Portion 301
Gramm p. Portion 347
Kochdauer ca. 30 Min.
Allergene: G
(Kohlehydrat:28% / Eiweiß & Fett:72%)
100g.≈ Eiweiß 36,9g. Fett:8,02g.
µg. - Ph:27,65 Na:43,91 Ka:76,34 Mg:4,57 Ca:4,15 Fe:0,16 Zn:0,17 Col.:4,54 Hsr.:20,26

Zutaten:
Champignon 100 g. / 100g. (ja)
Pute Brustfleisch 200 g / 200g. (ja)
Pute Schinken 100 g. / 100g. (ja)
Olivenöl 2 TL / 6g. (ja)
Tomate 1 Stück / 60g. (ja)
Sahne, süß 30% 2 EL / 20g. (wenig)
Knoblauch 1 Stück / 2g. (ja)
Salz 1 Prise / 1g. (wenig)

Pfeffer gemahlen 1 Prise / 0,5g. ()
Basilikum (frisch) 1 EL / 5g. (ja)
Kartoffel 200 g / 200g. (ja)

Kochanleitung:
Kartoffeln in Salzwasser kochen und schälen. Das Putenfleisch in Schnitzel schneiden und Champignons gründlich putzen, abreiben und blättrig schneiden. Die Pilze und den gekochten Schinken auf die Putenschnitzel verteilen, Schnitzel aufrollen, mit einem Zahnstocher feststecken und von allen Seiten etwa 8-10 Min. in Öl anbraten, evtl. etwas Flüssigkeit zugießen. Fleischtomate kurz in kochendes Wasser tauchen, enthäuten, halbieren, Kerne entfernen und das Fruchtfleisch würfeln. In die Pfanne geben und kurz mit andünsten. Sahne zu den Putenröllchen und Tomatenstückchen geben und kurz aufkochen lassen. Mit Knoblauch, Salz und Pfeffer abschmecken und die Putenröllchen mit der Soße und frisch gehacktem Basilikum servieren.

3.64 Reis mit gedämpftem Gemüse

Senkt Blutdruck, bakterizid, harntreibend, stärkt Immunsystem, beugt Krebs vor, reduziert Strahlenverletzungen. Gut bei Durchblutungsstörungen, Thrombose, Emboliegefahr, Kopfschmerzen, Herzinfarkt und Schlaganfall.

Anzahl Portionen: 2
Kalorien p. Portion 167
Gramm p. Portion 310,5
Kochdauer ca. 20 min
Allergene: L
(Kohlehydrat:82,32% / Eiweiß & Fett:17,68%)
100g.≈ Eiweiß 4,33g. Fett:2,26g.
µg. - Ph:16,63 Na:5,67 Ka:52,64 Mg:6,29 Ca:11,8 Fe:0,4 Zn:0,07 Col.:0 Hsr.:12,64

Zutaten:
Reis Sorte beliebig 1/2 Tasse / 60g. (ja)
Wasser 3 Tassen / 300g. (ja)
Zitrone Schale 1 Stück / 3g. (ja)
Wasser 1/8 Liter / 0g. (ja)
Karotte (Mohrrübe, Möhre) 2 Stück / 180g. (ja)
Sellerie Stangensellerie 1/2 Stück / 5g. (ja)
Champignon 1/2 Tasse / 50g. (ja)
Kresse 2 EL / 20g. (ja)
Leinöl 1 Schuss / 3g. (ja)

Kochanleitung:
Reis nach Grundrezept kochen, dabei ein Stück Zitronenschale

mitkochen. Wasser aufstellen und kleingeschnittene Karotten, Stangensellerie und Champignons im Gemüseeinsatz dämpfen, bis sie weich sind. Anschließend mit Kresse bestreuen und zuletzt einen Schuss hochwertiges Öl zugeben.

3.65 Reis-Congee mit Honigbirne und schwarzem Sesam

Fördert Verdauung, harntreibend, befeuchtet Darm. Gut bei Durchblutungsstörungen, Thrombose, Emboliegefahr, Bluthochdruck, Kopfschmerzen, Herzinfarkt und Schlaganfall.

Anzahl Portionen: 2
Kalorien p. Portion 159
Gramm p. Portion 271,5
Kochdauer ca. 10 Min. - 3 Stunden
Allergene: N
(Kohlehydrat:95,26% / Eiweiß & Fett:4,74%)
100g.≈ Eiweiß 2,44g. Fett:1,55g.
µg. - Ph:9,61 Na:0,87 Ka:36,88 Mg:70,3 Ca:68,61 Fe:0,18 Zn:0,06 Col.:0 Hsr.:5,76

Zutaten:
Grundrezept für eine Reissuppe (Congee) 2 Tassen / 240g. (ja)
Birne 2 Stück / 300g. (ja)
Sesam, Schwarzer 1 TL / 3g. (ja)

Kochanleitung:
Reis-Congee nach Grundrezept kochen oder vorbereiteten verwenden. Topf mit 3 cm Wasser befüllen und aufkochen lassen. Birnen vierteln (mit Haut und Kernen) und hineingeben und mit schwarzem Sesam 10 Min. zugedeckt köcheln lassen. Mit dem Reis mischen.

3.66 Reis-Congee mit Hühnerleber und Bocksdornfrüchten

Gut bei Durchblutungsstörungen, Thrombose, Emboliegefahr, Bluthochdruck, Kopfschmerzen, Herzinfarkt und Schlaganfall. Enthält viele Vitamine und Mineralien und hat ein hochwertiges Aminosäurenprofil. Reguliert Blutdruck und Blutzuckerspiegel.

Anzahl Portionen: 3
Kalorien p. Portion 176
Gramm p. Portion 307,67
Kochdauer ca. 3 Stunden
Allergene: EO
(Kohlehydrat:93,86% / Eiweiß & Fett:6,14%)
100g.≈ Eiweiß 7,51g. Fett:1,45g.
µg. - Ph:13,48 Na:8,14 Ka:12,65 Mg:88,73 Ca:84,13 Fe:0,25 Zn:0,05 Col.:1,44 Hsr.:7,24

Zutaten:
Grundrezept für eine Reissuppe (Congee) 5 Tassen / 800g. (ja)
Huhn Leber 1/2 Tasse / 60g. (wenig)
Bocksdornfrüchte (Fructus Lycii) getrocknet 1/2 Tasse / 60g. (ja)
Sojasauce 1 Schuss / 3g. (ja)

Kochanleitung:
Grundrezept für Reis-Congee herstellen, Hühnerleber und Bocksdornfrüchte mitkochen und mit Sojasoße abschmecken.

3.67 Rosmarinkartoffeln

Kartoffel stärkt die Milz, lindert Entzündungen, verbessert die Verdauung, regeneriert die Haut, ist harntreibend, senkt Cholesterinspiegel. Rosmarin fördert Verdauung, stärkt Lunge, Milz und Nieren.

Anzahl Portionen: 2
Kalorien p. Portion   189
Gramm p. Portion   216,5
Kochdauer ca.   30 Min.
(Kohlehydrat:76,49% / Eiweiß & Fett:23,51%)
100g.≈ Eiweiß 4,21g. Fett:5,25g.
µg. - Ph:23,02 Na:1,45 Ka:165,76 Mg:9,44 Ca:3,73 Fe:0,2 Zn:0,07 Col.:0,01 Hsr.:7,27

Zutaten:
Kartoffel 6-8 Stück / 420g. (ja)
Salz Kräutersalz 1 Prise / 1g. (wenig)
Olivenöl 1 EL / 10g. (ja)
Rosmarin 1 TL / 2g. (ja)

Kochanleitung:
Kartoffeln der Länge nach halbieren, mit etwas Olivenöl bestreichen, salzen, 2-3 Rosmarinnadeln auf jede halbe Kartoffel streuen, auf Backblech setzen und im vorgeheizten Backofen ca. 25 Min. bei 190 Grad backen.

3.68 Rührei mit Blattsalat-Oliven-Tomaten

Beruhigt Nerven und Magen, lindert Müdigkeit, verbessert Magen-Darm-Funktionen, fördert Verdauung, regt Leberfunktion an, entgiftet, hilft Fett zu verdauen, harntreibend, senkt Blutdruck.

Anzahl Portionen: 1
Kalorien p. Portion 420
Gramm p. Portion 264,5
Kochdauer ca. 10 min.
Allergene: C
(Kohlehydrat:8,12% / Eiweiß & Fett:91,88%)
100g.≈ Eiweiß 24,41g. Fett:33,87g.
µg. - Ph:158,24 Na:226,06 Ka:184,43 Mg:13,79 Ca:53,45 Fe:1,72 Zn:1,03 Col.:269,53 Hsr.:7,45

Zutaten:
Huhn Ei 2-3 Stück / 180g. (ja)
Olivenöl 1 EL / 10g. (ja)
Salz 1 Prise / 1g. (wenig)
Pfeffer gemahlen 1 Prise / 0,5g. ()
Oliven 6 Stück / 10g. (ja)
Tomate 1 Stück / 50g. (ja)
Kopfsalat 2 Blätter / 5g. (empfehlenswert)
Kurkuma (Gelbwurz) 1 Prise / 1g. (ja)
Petersilie 1/2 EL / 5g. (ja)
Basilikum (frisch) 2-3 Blatt / 2g. (ja)

Kochanleitung:
In der Pfanne Olivenöl erhitzen, Tomate in Scheiben schneiden und Salat in kleine Stücke zupfen. Tomaten, Salat und Oliven kurz andünsten und dabei die Eier mit Salz und Gewürzen mit einer Gabel verrühren und diese Masse in die Pfanne eingießen. Mit einem Holzlöffel umrühren, bis die gewünschte Konsistenz erreicht ist.
Gewürze und Kräuter: Kurkuma, Petersilie, Basilikum, Schwarzkümmel.
Variante: Zucchini, Rucola.

3.69 Schwarzwurzel mit Joghurt

Schwarzwurzeln regen Nieren, Blase und damit die Reinigung des Körpers an. Sie stimulieren im physiologischen Sinne allgemein die Drüsen im Organismus. Gut bei akuter oder chronischer Verstopfung des Darmes. Liefern Vitamine und Spurenelemente.

Anzahl Portionen: 2
Kalorien p. Portion 319
Gramm p. Portion 304,5
Kochdauer ca. 20 min
Allergene: AG
(Kohlehydrat:76,55% / Eiweiß & Fett:23,45%)
100g.≈ Eiweiß 7,98g. Fett:2,08g.
µg. - Ph:45,41 Na:46,46 Ka:135,9 Mg:13,05 Ca:30,12 Fe:1,28 Zn:0,12 Col.:0,16 Hsr.:28,83

Zutaten:
Schwarzwurzel 1/2 Kg. / 400g. (ja)
Joghurt (natur, 1,5 % Fett) 4 EL / 80g. (ja)
Kräuter verschiedene 1 EL / 8g. (ja)
Salz 1 Prise / 1g. (wenig)
Mehrkornbrot (Graubrot) 6 Scheiben / 120g. (ja)

Kochanleitung:
Schwarzwurzel schälen und in Salzwasser kochen, bis sie weich sind. Das Wasser wegschütten, Schwarzwurzel auskühlen lassen und klein schneiden. Mit Joghurt übergießen und mit frischen Kräutern bestreuen. Mit dem Mehrkornbrot servieren.

3.70 Sellerie-Kartoffel-Cremesuppe

Senkt Blutdruck, stärkt Immunsystem, fördert Gewichtsabnahme. Gut bei Abwehrschwäche, Appetitlosigkeit, Blähungen, Depressionen, Diabetes, Durchfall, Verdauungsschwäche.

Anzahl Portionen: 4
Kalorien p. Portion 113
Gramm p. Portion 241,5
Kochdauer ca. 45 Min.
Allergene: GL
(Kohlehydrat:83,35% / Eiweiß & Fett:16,65%)
100g.≈ Eiweiß 2,16g. Fett:5,52g.
µg. - Ph:5,96 Na:3,46 Ka:23,98 Mg:22,27 Ca:83,51 Fe:0,18 Zn:0,02 Col.:0 Hsr.:1,49

Zutaten:
Olivenöl 1 EL / 10g. (ja)
Zwiebel weiss 1/2 Stück / 25g. (ja)
Grundrezept für eine Gemüsebrühe nahrhaft 700 ml. / 700g. (ja)

Kartoffel 200 g / 200g. (ja)
Muskatnuss 1 Prise / 0,5g. (ja)
Kümmel 1 Prise / 0,5g. (ja)
Zitrone Schale 1/4 Stück / 1g. (ja)
Creme fraiche 2 EL / 20g. (wenig)
Salz 1 Prise / 1g. (wenig)
Petersilie 1 EL / 8g. (ja)

Kochanleitung:
Das Olivenöl in einem Topf leicht erhitzen und Zwiebelwürfel darin bei milder Hitze ganz weich dünsten. Mit Gemüsebrühe (nach Grundrezept) aufgießen und zugedeckt 15 Min. köcheln lassen. Kartoffelwürfel, kleingeschnittenen Sellerie, Muskat, Kümmel und Zitronenschale zugeben und zugedeckt weitere 12 Min. leicht kochen. Kartoffeln und Sellerie sollen weich sein, aber nicht zerfallen. Zitronenschale entfernen, mit dem Mixstab oder im Mixer die Suppe mit Crème fraîche fein pürieren und mit Salz abschmecken. Suppe portionsweise mit der kleingehackten Petersilie anrichten.

3.71 Spargel-Kräuter-Ragout

Harntreibend, fördert Durchblutung, beugt Krebs vor, löst Stagnation, fördert Gewichtsabnahme, regt Leberfunktion an. Gut bei Abwehrschwäche, Appetitlosigkeit, Blähungen, Bluthochdruck, Depressionen, Diabetes, Durchfall.

Anzahl Portionen: 4
Kalorien p. Portion   168
Gramm p. Portion   465,5
Kochdauer ca.   30 Min.
Allergene: GL
(Kohlehydrat:78% / Eiweiß & Fett:22%)
100g.≈ Eiweiß 7,54g. Fett:4,09g.
µg. - Ph:2,55 Na:0,54 Ka:11,94 Mg:2,69 Ca:9,45 Fe:0,06 Zn:0,02 Col.:0 Hsr.:1,09

Zutaten:
Grundrezept für eine Gemüsebrühe nahrhaft 500 ml / 500g. (ja)
Zitrone Schale 1/2 Stück / 3g. (ja)
Koriander 1/4 TL / 1g. (ja)
Muskatnuss 1 Prise / 0,3g. (ja)
Spargel (grün oder weiß) 800 g. / 800g. (ja)
Petersilie 1 Bund / 125g. (ja)
Creme fraiche 2 EL / 30g. (wenig)
Zitrone Saft 1 TL / 3g. (ja)
Kartoffel 400 g. / 400g. (ja)

Kochanleitung:
Kartoffeln in reichlich gesalzenem Wasser ca. 20 Min. weich kochen. Gemüsebrühe mit Zitronenschale, Koriander und Muskat zum Kochen bringen. Den geschälten und in Stücke geschnittenen Spargel darin weich kochen. Spargel in ein Sieb abgießen. Die Flüssigkeit auffangen und im Mixer mit 200 g (die unteren Enden) des gekochten Spargels und der Petersilie zu einer glatten Soße mixen. Crème fraîche einrühren, den Spargel untermischen und nochmals erhitzen. Mit Zitronensaft, Salz und Pfeffer abschmecken und mit den Kartoffeln servieren.

3.72 Teemischung harnsäuresenkend

Gut bei Gicht oder Rheuma, Gelenkschmerzen, Harnwegsinfekten, Nierenkolik.

Anzahl Portionen: 2
Kalorien p. Portion 0
Gramm p. Portion 126,5
Kochdauer ca. 10 Min.
Allergene:
(Kohlehydrat:0% / Eiweiß & Fett:0%)
100g.≈ Eiweiß 0g. Fett:0g.
µg. - Ph:0 Na:0,25 Ka:0 Mg:0,25 Ca:1,23 Fe:0 Zn:0,02 Col.:0 Hsr.:0

Zutaten:
Teemischung Harnsäuresenkend 2 TL / 3g. (ja)
Wasser 1/4 Liter / 250g. (ja)

Kochanleitung:
Teemischung aus Apotheke oder Reformhaus beziehen. 2 TL der Mischung mit 250 ml kochendem Wasser überbrühen, 10 Min. ziehen lassen und abseihen. Bei erhöhtem Harnsäurewert kann es zu Beginn einer Teekur zu Gelenkschmerzen kommen. Diese sind eine Reaktion auf die Ausspülung der Harnsäure aus dem Körper. In dieser Zeit ist viel Bewegung anzuraten, um den Ausscheidungsprozess zu beschleunigen und zu unterstützen.

3.73 Tomaten mit Mozzarella

Fördert Verdauung, hilft Fett zu verdauen, harntreibend, senkt Blutdruck. Hilft bei Appetitlosigkeit, Blähungen, Darmentzündungen, Übelkeit, ist entkrampfend und beruhigend.

Anzahl Portionen: 1
Kalorien p. Portion 436
Gramm p. Portion 217
Kochdauer ca. 5 min
Allergene: AG
(Kohlehydrat:36,98% / Eiweiß & Fett:63,02%)
100g.≈ Eiweiß 14,85g. Fett:30,32g.
µg. - Ph:90,53 Na:176,32 Ka:158,47 Mg:12,75 Ca:109,48 Fe:0,33 Zn:0,5 Col.:10,69 Hsr.:13,46

Zutaten:
Mozzarella 1 Stück / 50g. (ja)
Tomate 2 Stück / 100g. (ja)
Salz 1 Prise / 1g. (wenig)
Basilikum (frisch) 5 Blätter / 6g. (ja)
Olivenöl 2 EL / 20g. (ja)
Weißbrot (Weizenbrot) 2 Scheiben / 40g. (wenig)

Kochanleitung:
Tomaten und Mozzarella in Scheiben schneiden. Auf Teller verteilen, salzen und mit Basilikum und Olivenöl anrichten. Dazu Weißbrot servieren.

3.74 Tomatensuppe

Fördert Verdauung, hilft Fett zu verdauen, senkt Blutdruck, löst Stagnation, antioxidativ, harntreibend.

Anzahl Portionen: 2
Kalorien p. Portion 100
Gramm p. Portion 290
Kochdauer ca. 10 min.
(Kohlehydrat:42% / Eiweiß & Fett:58%)
100g.≈ Eiweiß 1,78g. Fett:7,9g.
µg. - Ph:4,2 Na:1,2 Ka:31,36 Mg:1,99 Ca:3,85 Fe:0,07 Zn:0,04 Col.:0,01 Hsr.:1,47

Zutaten:
Olivenöl 1 EL / 15g. (ja)
Zwiebel weiss 1 Stück / 60g. (ja)
Zimtpulver 1 Prise / 1g. (ja)
Basilikum (frisch) 1 TL / 2g. (ja)
Pfeffer gemahlen 1 Prise / 0,5g. ()
Salz 1 Prise / 1g. (wenig)

Tomate 5 Stück / 250g. (ja)
Wasser 250 g. / 250g. (ja)
Paprika (Rosenpaprikapulver) 1 Prise / 1g. (ja)

Kochanleitung:
Die kleingeschnittene Zwiebel im Olivenöl in einem Topf anrösten, Salz und Gewürze zufügen und kurz mitrösten. Gewaschene und geviertelte Tomaten zugeben und kurz anbraten. 250 ml Wasser heißes Wasser zufügen, 15 Min. kochen lassen und dann pürieren.

3.75 Wärmende Karottensuppe

Stärkt und wärmt, senkt Blutdruck, bakterizid, stärkt Immunsystem, beugt Krebs vor, reduziert Strahlenverletzungen, stärkt Magen-Darm-Funktion.

Anzahl Portionen: 3
Kalorien p. Portion 133
Gramm p. Portion 274,67
Kochdauer ca. 30 min
Allergene: HL
(Kohlehydrat:78,77% / Eiweiß & Fett:21,23%)
100g.≈ Eiweiß 2,17g. Fett:7,87g.
µg. - Ph:8,57 Na:6,92 Ka:27,55 Mg:25,11 Ca:97,93 Fe:0,4 Zn:0,03 Col.:0 Hsr.:2,99

Zutaten:
Karotte (Mohrrübe, Möhre) 4 Stück / 250g. (ja)
Walnussöl 2 EL / 20g. (ja)
Zwiebel Schalotte 2 Stück / 40g. (ja)
Anis (gemeiner Fenchel) 1/2 TL / 1g. (ja)
Muskatnuss 1 Prise / 1g. (ja)
Ingwer frisch 1/2 TL / 1g. (ja)
Salz 1 Prise / 1g. (wenig)
Grundrezept für eine Gemüsebrühe nahrhaft 1/2 Liter / 500g. (ja)
Petersilie 1 EL / 10g. (ja)

Kochanleitung:
Walnussöl in einem Topf erhitzen und die kleingeschnittenen Zwiebeln darin anbraten. Karotten gewürfelt zufügen. Anis, Muskat, etwas Ingwer und Salz zugeben. Wasser oder Gemüse- bzw. Fleischbrühe zugeben. Alles weich kochen und dann pürieren. Am Ende Petersilie unterheben.
Empfehlung: Die Suppe eignet sich für die kalte Jahreszeit, vor allem, wenn man als Flüssigkeit zum Aufgießen Fleischbrühe verwendet.

4 Wirkung der Lebensmittel

4.1 Zutaten verwenden: empfehlenswert

Blattsalate (bitter)
Kopfsalat

4.2 Zutaten verwenden: ja

Adzukibohnen
Agar-Agar, Agartang
Ahornsirup
Aloesaft
Amaranth
Amaranth POPS
Ananas
Ananas (aus der Dose)
Ananassaft ungezuckert
Andornkraut
Angelikawurzel
Anis (gemeiner Fenchel)
Apfel (sauer)
Apfel (süß)
Apfelmus
Aprikose
Artischocke
Aubergine
Austernpilze
Austernschalenpulver
Backpulver
Baldrian
Bambussprossen
Banane
Banane Kochbanane
Banchatee
Bärentraubenblätter
Bärlauch (Knoblauchspinat)
Barsch
Basilikum
Basilikum (frisch)
Bataviasalat
Beeren der Saison
Benediktinerdistel
Berberitzenrindetee
Birne
Bitterklee
Bitterorangenschale
Blumenkohl (Karfiol)
Blütenpollen
Bocksdornfrüchte (Fructus Lycii) getrocknet
Bockshornklee
Bohnen (grün, frisch)
Bohnenkraut
Bohnenöl
Borretsch
Borretschöl
Boxhornkleesamen
Brennnessel
Brie
Brokkoli
Brombeerblätter
Brombeere
Brombeere getrocknet (unreife)
Brösel (Weizenbrot, Semmel)
Brot mit Johannisbrotkernmehl
Buchweizen
Buchweizen (geröstet) Kasha
Buchweizen Vollkorn
Bulgur (Getreide)
Buschbohnen
Butter (halbfett)
Butterbohnen weiße
Buttermilch
Calamari
Camembert
Cashewnüsse
Champignon
Channa-Dal
Chenpi (chinesische Mandarinenschale)
Chicorée
Chili (Schote oder gemahlen)
Chinakohl
Chlorella (Süßwasser)
Chrysanthemenblütentee
Clementinen
Colagetränk (kalorienarm)
Couscous
Cranberries
Cumin (Kreuzkümmel)
Curry
Currypaste rot
Dashi
Datteln rot
Dill
Dinkel
Dinkel Brot
Dinkel Flocken

Dinkel Gries
Dinkel Vollkornmehl
Distelöl
Dornhai (Seeaal, Schillerlocken)
Dorsch
Dulse (Lappentang)
Edamer
Eibennuss
Eibisch (Hibiscus)
Eisbergsalat
Emmentaler
Endiviensalat
Ente (Frühmastente, schlachtfrisch)
Ente (Herz)
Entenei
Enzianwurzel
Erbse, grün
Erbsen
Erdbeere
Erdnüsse
Erdnussöl
Essig (Apfelessig)
Essig (Rotweinessig)
Essig Aceto Balsamico
Essig Aceto Balsamico weiss
Essiggurke
Estragon
Färberdiestel (Hong Hua)
Färberginsterkraut
Fasan
Feige
Feldsalat
Fenchel
Fenchelsamen gemahlen
Fencheltee
Feta
Fisch Innereien
Fischreste
Fischsouce
Fischstücke gemischt (Süßwasser)
Flaschenkürbis
Flohsamen
Flunder
Forelle
Forelle (geräuchert)
Frischkäse
Frischkäse aus Soja
Frischkäse mit Kräuter
Früchtetee
Gagelpflaume
Galgant
Gänseblümchen
Gänseblut
Gänseei

Garam Masala Pulver
Garnele
Gelatine weiss
Gelee Royal
Gemüsesaft
Gerste
Gerste (Nacktgerste)
Gerste (Perlgerste)
Gerstengras Pulver
Gerstengraupen
Gerstengrütze
Gerstenmalz
Gerstenmehl
Getreidekaffee
Gewürznelke
Ginkgofrucht
Ginsengwurzel
Glühweingewürzmischung
Gouda
Granatapfel
Grapefruit getrocknete Schale
Grapefruit/Pampelmuse/Pomelo
Grapefruitsaft
Graskarpfen
Grüner Tee
Grünkern
Guave
Gurke
Gurke (bitter)
Gurke (Gewürzgurke)
Hafer
Hafer Flocken (Vollkorn)
Hafer Flocken geröstet
Hafer Mehl
Hafer Milch
Hafer Schmelzlocken (Babynahrung)
Hafer Schrot
Hagebutte
Hagebuttentee
Haifisch
Hammel
Hase
Hase, wild
Haselnüsse
Hefe
Heidelbeere
Heidelbeere getrocknet
Heilbutt
Hering
Hibiskustee
Hijiki
Himbeerblättertee
Himbeere
Himbeere getrocknet (unreife)

Hiobsträne (Samen) YiYi Ren
Hirsch Fleisch
Hirsch Knochen
Hirsch Nieren
Hirse
Hirseflocken
Hokkaidokürbis
Holunderbeeren
Holunderblütentee
Honigmelone
Hopfen
Huhn Blut
Huhn Ei
Huhn Eigelb
Huhn Eiweiß
Huhn Fleisch
Huhn Herz
Huhn Magen
Hummer
Hüttenkäse
Ingwer frisch
Ingwer Pulver
Ingweröl
Jakobstränen
Jasminblütentee
Joghurt (natur, 1,5 % Fett)
Joghurt (natur, 3,5 % Fett)
Johannisbeere (rot)
Johannisbeere (schwarz)
Johannisbeere (weiß)
Johannisbrotkernmehl
Kabeljau
Kaffee
Kaffeeweißer
Kakao
Kaki-Pflaume
Kaktusfeige
Kalmus
Kamille
Kaninchen Fleisch
Kapern (eingelegt)
Kapuzinerkresse
Karambole/Sternfrucht
Karausche
Kardamom
Karotte (Frühkarotte)
Karotte (Mohrrübe, Möhre)
Karottensaft ohne Zucker
Karpfen
Kartoffel
Kartoffel (mehlige)
Kartoffelmehl
Käsepappeltee
Kastanien (Maronen)

Kaviar
Kefir
Kerbel
Kerbel getrocknet
Kichererbsen
Kirsche
Kirsche (sauer)
Kirschenkompott
Kiwi
Klementine
Klettenwurzeltee
Knäckebrot
Knoblauch
Kohlrabi
Kohlrübe
Kokosflocken
Kokosmilch
Kokosnussfleisch
Kokosraspeln
Kombualge
Kompott (Früchte der Saison)
Koriander
Koriandergrün
Korinthen (rot)
Korinthen (schwarz)
Krabbe
Krake
Kräuter bittere
Kräuter der Provence
Kräuter verschiedene
Kräuter Wildkräuter
Kräuterteemischung
Kresse
Kuhmilch (1,5 % Fett)
Kuhmilch (Vollmilch 3,5 % Fett)
Kukichatee
Kümmel
Kümmel gemahlen
Kumquat
Kürbis
Kürbiskerne
Kürbiskernöl
Kurkuma (Gelbwurz)
Kuzu
Lachs
Lamm Fleisch
Lamm Knochen
Lamm Schulter
Languste
Lauch (Porree)
Lauchzwiebel Schnittlauch
Laugengebäck
Lavendelblüten
Leberglättertee

Leinöl
Leinsamen
Leinsamen (geschrotet)
Liebstöckel
Liebstöckelsamen
Limabohnen
Lindenblütentee
Linsen (Helmbohnen)
Linsen gelb
Linsen rot
Linsen schwarz
Longane
Loquate/Japanische Mispel
Lorbeerblatt
Lotossamen
Lotoswurzeln
Löwenzahn (junger)
Löwenzahnsaft
Löwenzahnwurzeltee
Luohan-Frucht
Lychee
Lychee (Konserve)
Magermilchpulver
Mais
Mais (geröstet)
Mais (Schnellpolenta)
Mais Gries (Polenta)
Mais Mehl (Maizena)
Maishaartee
Maiskeimöl
Maisstärke
Majoran
Makannastern Samen
Makrele
Malventee
Malz
Mandarine
Mandelmilch
Mandelmus
Mandeln
Mango
Mangold
Mangopulver
Maniokmehl
Marillen
Maulbeerfrucht
Meeräsche
Meereskrebs
Mehrkornbrot (Graubrot)
Melisse
Miesmuscheln
Mineralwasser
Mirabelle
Miso

Miso schwarz (fermentiert)
Mispel
Mittelmeerfisch (Kabeljau, Scholle,
Schellfisch, Seeaal, Makrele)
Mixed Pickels
Mohn
Molke
Moosbeere
Morchel (schwarz, getrocknet)
Mozzarella
Mu-Erh-Pilz
Mungbohne
Mungbohnensprossen
Muskatnuss
Müsli
Nachtkerzenöl
Nektarine
Nelke
Nierenbohnen (rote)
Nori, Purpurtang, Rotalge
Nudeln (Vollkorn) mit Ei
Nudeln (Weizen) mit Ei
Nudeln (Weizen, Bandnudeln) mit Ei
Nudeln (Weizen, Lasagneblätter) mit Ei
Nudeln (Weizen, Spagetti) mit Ei
Odermennig
Okra
Oliven
Oliven grün
Olivenöl
Orange
Orange abgeriebene Schale
Orange getrocknete Schale
Orange Schale
Orangenblüten
Oregano frisch
Oregano getrocknet
Palmöl
Papaya
Paprika
Paprika (Rosenpaprikapulver)
Paprika (süß)
Paranuss
Passionsblumenblütentee
Passionsfrucht (Maracuja)
Pastinake
Peperoni
Peperoni, gelb, entkernt, halbiert
Peperoni, rot, entkernt, halbiert
Petersilie
Petersilienwurzel
Pfeffer Cayenne
Pfeffer Körner
Pfeffer weiss (gemahlen)

Pfefferminze
Pfefferminztee
Pfeilwurzelmehl
Pferd Fleisch
Pfifferlinge/Eierschwammerl
Pfirsich
Pfirsich (Dose)
Pflaume
Pflaume getrocknet
Piment
Pinienkerne
Pintobohnen gesprenkelt
Pistazien
Preiselbeere
Preiselbeersaft
Puddingpulver Vanille
Pumpernickel
Pute Brustfleisch
Pute Schinken
Qualle
Quargel 20%
Quinoa
Quitte
Radicchio
Radieschen
Rapsöl
Reh Fleisch
Reineclaude
Reis Basmatireis
Reis Duftreis
Reis Gaoliangreis (Sorghum)
Reis Klebreis
Reis Langkornreis
Reis Reisschleim
Reis Roter
Reis Rundkornreis
Reis Schwarzer
Reis Sorte beliebig
Reis Süßer
Reis Vollkorn
Reis Wilder (Naturreis)
Reishi
Reismalz
Reismehl
Reisnudeln
Reisstärke
Rettich (weiß, grün, lila-rot)
Rettich Meerrettich (Kren)
Rettich schwarz
Rettichblätter (vom Wochenmarkt)
Rhabarber
Rind (Kalb)
Rind Filet
Rind Fleisch
Rind Fleischknochen
Rind Herz
Rind Herz (Kalb)
Rind Knochenmark
Rind Lunge (Kalb)
Rind Magen
Rind Ochsenschwanzstücke
Rind Suppenfleisch
Roggen
Roggen Vollkornbrot
Roggenmehl
Römersalat/Lattich-Salat
Rosenblättertee
Rosenblütentee
Rosenkohl
Rosmarin
Rotbarsch
Rote Grütze (ohne Zucker)
Rote Rübe
Rotkohl
Safran
Sago (Getreide)
Sahne 10% Kaffeesahne
Sahne sauer 10%
Sake
Salbei
Sanddorn
Sardellen/Sardine
Saubohnen (Dicke Bohnen)
Sauerampfer
Sauerkirsche
Sauerkraut
Sauermilch
Sauerteig
Schaffleisch
Schafgarbe
Schafgarbentee
Schafmilch Joghurt
Schafskäse
Schafsmilch
Schimmelkäse
Schlehdorn
Schmelzkäse 12%
Schnecke
Scholle
Schwarzaugenbohnen
Schwarze Bohnen
Schwarzer Fungu Pilz
Schwarzkümmel
Schwarztee
Schwarzwurzel
Schwedenkraut (Schwedenbitter)
Schwein Blut
Schwein Darm

Schwein Fleisch
Schwein Haut
Schwein Haxe (Eisbein)
Schwein Herz
Schwein Hirn
Schwein Lunge
Schwein Magen
Schwein Markknochen (Röhrenknochen)
Schwein Schinken
Schwein Schinken gekocht
Schwein Schinken geselcht
Schwein Schinkenspeck
Seegurke
Sellerie Knolle
Sellerie Stangensellerie
Senf
Senf Dijon
Senf mittelscharf
Senf süß
Senfsamen
Sesam Paste (Tahini)
Sesam, Schwarzer
Sesam, Weißer
Sesamöl
Sesamöl geröstet
Shiitake, getrocknet
Shrimps
Silbermorchel, getrocknet
Soja Cuisine (Soja-Sahne)
Soja Tofu
Soja Tofu geräuchert
Sojabohne
Sojabohnen, Gelbe
Sojabohnen, Schwarze
Sojabohnen, Schwarze, fermentiert
Sojabohnenmilch
Sojacreme
Sojamehl
Soja-Nudeln
Sojaöl
Sojapaste (Miso)
Sojasauce
Sonnenblumenkerne
Sonnenblumenöl
Spargel (grün oder weiß)
Speiserüben
Spinat
Spitzwegerichtee
Stachelbeere
Stangenbohnen (Fisolen)
Steinpilz/Herrenpilz
Sternanis
Stevia (Süßkraut)

Stutenmilch
Süßholzwurzeltee
Süßkartoffel
Süßwasserfisch
Süßwasserkrebs
Tabasco
Taube
Taube Ei
Teemischung Harnsäuresenkend
Thunfisch
Thymian
Thymian getrocknet
Tintenfisch
Toastbrot (Vollkorn)
Tomate
Tomate getrocknet
Tomatenmark
Tomatenpüre
Tomatensaft
Tonicwasser
Topfen (Quark) 20%
Traubenkernöl
Traubensaft rot
Traubensaft weiß
Trüffel
Tsampa (geröstetes Gerstenmehl)
Umeboshipaste
Umeboshipflaumen (Japanaprikosen)
Vanille
Vanillepulver
Vanilleschote
Vogelmiere
Vogerlsalat (Pflücksalat)
Vollkornbrot
Vollkornbrot mit ganzen Körner
Vollkornmehl
Wacholderbeere
Wachskürbis
Wachtel
Wachtel Ei
Wakame
Walderdbeeren
Walnüsse
Walnussöl
Wasser
Wasser heiss
Wassermelone
Weißdorn
Weiße Bohnen
Weißfischchen
Weißkohl/Weißkraut
Weißwurz
Weizen
Weizen Bulgurweizen

Weizen Flocken
Weizen Gras Pulver
Weizen Gries
Weizen Gries - Kindergries
Weizen Mehl
Weizen Mehl Vollkorn
Weizen/Roggen Grau- Schwarzbrot mit Hefe
Weizengrassaft
Weizenkeimöl
Weizenkleie
Wermutkraut
Wildkräuter
Wildschwein Fleisch
Wirsing/Grünkohl
Yamswurzel, Yamswurzelknolle
Yogitee
Ysop
Ziege
Ziegen- und Schafsblut
Ziegen- und Schafshirn
Ziegen- und Schafsmagen
Ziegen- und Schafsmilch
Ziegenkäse
Zimtpulver
Zimtstange
Zitrone
Zitrone Saft
Zitrone Schale
Zitrone, Limette
Zitronengras
Zitronenmelisse (frisch)
Zitronenmelisse (getrocknet)
Zucchini
Zucker Fructose Fruchtzucker
Zucker Glukose Traubenzucker
Zucker Milchzucker
Zuckerersatz (Süßstoff)
Zwetschken
Zwieback
Zwiebel Frühlingszwiebel
Zwiebel rot
Zwiebel Schalotte
Zwiebel weiss

4.3 Zutaten verwenden: wenig

Aal
Aal geräuchert
Acerola Fruchtnektar oder Pulver
Agavendicksaft
Apfelsaft (Naturtrüb)
Aprikose getrocknet
Aprikosen Marmelade
Aprikosennektar
Avocado
Beerensaft
Bier (alkoholarm)
Bier (alkoholfrei)
Birnensaft
Bitter Lemon
Brombeermarmelade
Brötchen (Semmel)
Creme fraiche
Datteln getrocknet
Erdbeermarmelade
Erdbeersaftgetränk
Erdnuss (geröstet)
Feige getrocknet
Fernet Branca (Kräuterbitterlikör)
Fruchtzucker (Fruktose, Traubenzucker)
Gans
Gans (Gänseklein)
Gans (Gänseschmalz)
Ginsenglikör
Gorgonzola
Heidelbeermarmelade
Heidelbeersaft
Himbeermarmelade
Honig
Honigwein (Met)
Huhn Leber
Johannisbeermarmelade (rot)
Johannisbeermarmelade (schwarz)
Johannisbeernektar (schwarz)
Kaninchen Leber
Kirschsaft
Kokosfett
Lamm Leber
Lamm Nieren
Löffelbiskuit
Lycheelikör
Malzbier
Mandeln Marzipan
Mangosaft
Margarine
Margarine (Diät)
Marillensaft
Martini
Mayonnaise 50%
Mayonnaise 80%
Obstmischung Fruchtsaft
Orangenmarmelade
Orangensaft

Parmesan
Preiselbeermarmelade
Prosecco
Rind Leber
Rind Niere
Rosinen
Rotwein
Rum
Sahne sauer 20%
Sahne sauer 30%
Sahne, süß 30%
Salz
Salz Kräutersalz
Sauerrahm 15% Fett
Schmelzkäse 30%
Schnaps
Schokolade
Schokolade (Diabetiker)
Schwein Fett
Schwein Leber
Schwein Nieren
Schwein Schmalz
Sherry
Topfen (Quark) 40%

Trauben rot
Trauben weiß
Vanillezucker natur
Walnüsse geröstet
Weißbrot (Weizenbrot)
Weißbrot Baguette
Weißbrot Brösel (Weizenbrot)
Weißbrot Knödelbrot (Weizenbrot)
Weißbrot Salzstangerl
Weißbrot Semmel
Weißwein
Weizen Bier
Weizen Fladenbrot
Wermut
Ziegen- und Schafsleber
Zucker (Staubzucker)
Zucker (weiß, aus Rüben)
Zucker braun
Zucker Kandis weiß
Zucker Melasse
Zucker Palmzucker
Zucker Ursüße (Zuckerrohr) süß

4.4 Kontraindikativ wirkende Lebensmittel nicht verwenden

Astronautenkost
Austern
Bier (Altbier)
Bier (Pils)
Bitterlikör
Blätterteig
Bratöl

Butter Bio
Butterschmalz
Campari
Colagetränk
Erdnussbutter
Schwein Bratwurst
Schwein Mettwurst

5 Komplementär

5.1 Dekokt (Abkochung)

5.1.1 Basilikum

Gut gegen Emphysem, Bronchitis, Keuchhusten, hoher Blutdruck, Kopfschmerzen, Mundgeruch, Warzen, Schluckauf, Gicht, gegen Migräne. Beruhigend, krampflösend, schleimlösend, entzündungshemmend und antibakteriell.
½ TL getrockneten gerebelten Basilikum pro Tasse, 2-3 Tassen täglich Basilikum wirkt wohltuend bei Blähungen und Übelkeit, entkrampfend und beruhigend. Das köstliche pfeffrige Aroma passt zu Tomaten, Salaten, Pasta und Pesto, zu Eintöpfen, Gurken, Zucchini und Pilzen. Verschiedene Sorten und Arten bieten ganz unterschiedliche Geschmackserlebnisse.

Antidepressivum:
• in Wodka ansetzen (2/3 Wodka, 1/3 Basilikum) 3 Wochen in die Sonne stellen, zwischendurch immer wieder schütteln, dann abseihen, sonst wird er bitter; Einnahme: 1 Woche lang 1 kleines Schnapsglas täglich, dann 2 Wochen Pause; bei stark depressiver Verstimmung zusätzlich Bohnenkraut dazugeben Cave: nicht in der Schwangerschaft, der Stillzeit und nicht für Kleinkinder
• 10 Tropfen Basilikumöl (Primavera) mit 50 ml Oliven- oder Yoyoba-öl mischen, regelmäßig in paar Tropfen auf Ren 12 (Stelle unterhalb des Brustbeins) einreiben
Wirkstoffe: ätherisches Öl, Gerbstoffe, Flavonoide.

5.2 Fertiggetränk

5.2.1 Aronia (Apfelbeeren)

Gegen freie Radikale. Aufgrund des hohen Flavonoid-, Folsäure, Vitamin-K- und Vitamin-C-Gehalts zählt die Aronia zu den Heilpflanzen. Die Aronia sind im Fachhandel als getrocknete Beeren, als Saftkonzentrat, als Tee und als Getränk erhältlich.
1-2 Glas pro Tag. Aufgrund des hohen Flavonoid-, Folsäure, Vitamin-K- und Vitamin-C-Gehalts zählt die Aronia zu den Heilpflanzen. Die Aronia sind im Fachhandel als getrocknete Beeren, als Saftkonzentrat, als Tee und als Getränk erhältlich.

5.3 Heilbad

5.3.1 Bad mit Kamille

Entzündungshemmend, antibakteriell, krampflösend, wundheilungsfördernd. Beruhigender Effekt auf die Psyche.
Für ein Bad können ca. 40-60g getrocknete Kamillen als Sud oder je nach Gebrauchsanweisung Kamillenextrakt verwendet werden.

5.4 Heil-Tee (Aufguss)

5.4.1 Baldrian

Blutdrucksenker, Nerven- und Beruhigungsmittel, krampflösend, Linderung klimakterischer Beschwerden.
2 Teelöffel des Tees mit 250 ml kochendem Wasser übergießen und 10 Minuten ziehen lassen. Danach absieben. Nach Bedarf 2 bis 3 Tassen pro Tag trinken.
Wirkstoffe: Baldriansäure, Valepotriate, Bizyklische Sesquiterpene, Alkaloide
Nicht während der Schwangerschaft und Kinder unter 12 Jahren.

5.4.2 Hirtentäschel

Reduziert Blutungen in Uterus, Verdauungstrakt, im Stuhl, Hämorrhoiden, Hypertonie.
1 TL Kraut mit 250 ml heißem Wasser aufgießen.
Für die Zubereitung des Tees in einer Kanne geben Sie einen Löffel mehr hinzu.
Die Ziehzeit beträgt 15 Minuten (abgedeckt ziehen lassen), anschließend durchseihen.
Die Pflanze verbessert die Blutzirkulation, den Blutdruck und hilft auch bei Blutungen sehr gut. Egal ob im Tee, Bad oder als Umschlag.

5.5 Komplementäre Anwendung

5.5.1 Akupunktur

Die Akupunktur gehört zu den Nerven oder Organe regulierenden Therapien.
Traditionelle Chinesische Medizin (TCM) bezeichnet meist eine Auswahl von diagnostischen und therapeutischen Verfahren, die im chinesischen Kulturkreis in vielen Jahrhunderten angewandt wurden.
Das chinesische Wort für Akupunktur besteht aus zwei Teilworten, die die Hauptanwendung der Akupunktur beschreiben, nämlich dem Einstechen

der Nadel in die Akupunkturpunkte und dem Erwärmen (Moxibustion) der Punkte. Akupunktur in der Ming-Dynastie (1368–1644). Bibliothèque Nationale, Paris. In der Akupunktur wird die Existenz von 361 Akupunkturpunkten angenommen, die auf den Meridianen angeordnet sind. Demnach gibt es zwölf Hauptmeridiane, die jeweils spiegelverkehrt auf beiden Körperseiten paarig angelegt sind, acht Extrameridiane und eine Reihe von so genannten Extrapunkten. Nach Meinung der Anhänger der Traditionellen Chinesischen Medizin wird durch das Einstechen der Nadeln der Fluss des Qi beeinflusst. Die Akupunktur gehört zu den Umsteuerungs- und Regulationstherapien. Noch älter als die Akupunktur ist die Akupressur. Hier werden die Punkte mit Hilfe der Fingerkuppen massiert. Das Konzept der Ohrakupunktur (auch Auriculotherapie genannt) wurde vom französischen Arzt Paul Nogier entwickelt. 1954 berichtete er erstmals in der Deutschen Zeitschrift für Akupunktur über seine Erfahrungen und 1961 stellte er seine Diagnose- und Therapieform auf einem Akupunkturkongress in Deutschland vor. Die Behandlung über das Ohr ist zwar auch aus der chinesischen Akupunktur bekannt, es werden dort jedoch nur wenige Punkte – und diese auch nur selten – verwendet. Daneben besteht noch das Konzept der koreanischen Handakupunktur, bei der die Meridiane fast komplett auf den Händen abgebildet sind, sowie das der Schädelakupunktur mit Abbildung der Meridiane auf den Schädel. Ähnliche Vorstellungen stecken auch hinter der Fußakupunktur.
Heutzutage wird immer öfter von der Krankenversicherung die Akupunktur zur Schmerztherapie angeboten. Auch bei Krankenhausaufenthalten kann eine Therapie in Anspruch genommen werden. Die Therapie kann mit Nadeln aber auch sanfter mit Pflaster selbst während der Chemotherapie durchgeführt werden.

5.5.2 Autogenes Training

Diese Technik dient zur Entspannung, Schmerzreduzierung und zur formelhaften Vorsatzbildung.
Diese Technik dient zur Entspannung und zur formelhaften Vorsatzbildung. Durch das bewusste „selbst"-Empfinden wird der Körper entspannt und die Trennwand zwischen Bewusstsein und Unterbewusstsein durchlässiger. Dies ist die beste Voraussetzung, um dann mit persönlichen Formeln auch die seelische Spannungen zu mildern oder gar aufzulösen. Dies alles kann das körperliche und seelische Wohlbefinden deutlich positiv beeinflussen. Dabei werden in meditationsähnlichen Zuständen seelische oder körperliche Zustände erfahren und versucht zu beeinflussen. Wenn in einem Autogenen Training die Konzentration auf einen Schmerz gerichtet wird, kann dieser durch den Willen zur Linderung eine effektive Linderung verspürt werden.

Dabei spielen Regelkreise des Körpers mit, welche als Schutz vor weiteren Beeinflussungen auch dann einen Schmerz verspüren lassen, wenn die Ursache dafür meist schon verschwunden ist. Bei „konzentrativer Selbstentspannung" können Muskeln gelockert werden. Ich denke, dass Autogenes Training ähnlich wirkt wie eine Selbsthypnose.

5.5.3 Ayur Veda

Ayurveda ist eine Kombination aus empirischer Naturlehre und Philosophie, welche die Ausgewogenheit des Körpers anstrebt.
Ayurveda hat einen ganzheitlichen Anspruch, da der ganze Mensch mit einbezogen wird. Es werden pflanzliche Heilmittel verabreicht, welche eingenommen oder aufgetragen werden. Dadurch werden Organe gestärkt oder eine Entgiftung/Entschlackung angeregt.
Speziell bei Krebs wird das Ungleichgewicht verschiedener Elemente beschrieben und behandelt. Die Methoden der Schulmedizin mit Chirurgie, Strahlentherapien und andere Behandlungsmethoden ähneln denen der Ayurveda in vielen Punkten.

5.5.4 Einschlafkissen mit Hopfenzapfen

Entspannend, ausgleichend, stimmungsaufhellen. Bei Bedarf anwenden.

5.5.5 Heilfasten

Das Fasten zählt zu den ältesten Heilmethoden. Entgiftet und baut Immunsystem auf.
Das Fasten zählt zu den ältesten Heilmethoden. In aktuellen Untersuchungen hat sich gezeigt, dass Heilfasten konkret gegen Krebszellen vorgeht und daher eine wichtige Komponente in einer ganzheitlichen Krebstherapie darstellen kann. Es gibt schon seit vielen Jahren mehrere Kliniken, welche die Krebstherapie mit Fastenkuren verbinden und gute Erfolge haben. Die Methode wurde vor mehr als 60 Jahren bereits in Russland angewendet. Da Krebszellen meistens einen sehr hohen Stoffwechsel haben und daher auch viel Energie benötigen, werden beim Fasten auch die Entwicklung gebremst. Grundsätzlich wird beim Fasten auch der Körper von Abfallstoffen gereinigt und dadurch das Immunsystem gestärkt. Die Erfolgsaussichten sind bei den verschiedenen Krebsarten unterschiedlich.
Die Methode des Heilfastens beruht auf der Philosophie, dass durch das Fasten besonders die Krebszellen geschwächt werden. Ich halte diese Methode nur unter ärztlicher Aufsicht durchführbar. Wenn ein Körper während eines Heilungsprozesses massiv geschwächt wird kann es zu massiven Beeinträchtigungen bei der Wundheilung kommen.

5.5.6 Hypnose

Als Hypnose wird entweder das Verfahren zum Erreichen einer hypnotischen Trance bezeichnet, die durch vorübergehend geänderte Aufmerksamkeit und meist tiefe Entspannung gekennzeichnet ist.
Als Hypnose wird entweder das Verfahren zum Erreichen einer hypnotischen Trance bezeichnet, die durch vorübergehend geänderte Aufmerksamkeit und meist tiefe Entspannung gekennzeichnet ist. Oder der Begriff bezeichnet den Zustand der hypnotischen Trance, der durch eine hypnotische Induktion erreicht wird. In diesem Zustand sind sowohl die Ansprechbarkeit des Unbewussten als auch die Konzentration auf eine bestimmte Sache stark erhöht, die Kritikfähigkeit des Bewusstseins in gleichem Maße reduziert. Dadurch können bestimmte Phänomene verstärkt oder überhaupt erst wahrgenommen werden, wie beispielsweise Änderungen des Bewusstseins und des Gedächtnisses, Kontrolle des vegetativen Nervensystems, vermehrte Empfänglichkeit für Suggestionen sowie für normales Bewusstsein ungewöhnliche Reaktionen und Vorstellungen.

5.5.7 Lichttherapie

Lichttherapie ist eine komplementäre und schonende Behandlung gegen saisonale Depressionen.
Heute gibt es mit der Lichttherapie, ein komplementäre und schonende Behandlung gegen saisonale Depressionen. Die meisten Patienten fühlen sich bereits nach wenigen Anwendungen wesentlich besser und ein überwältigend hoher Prozentsatz kann sogar dauerhaft vom sogenannten SAD-Syndrom (Erschöpfungssyndrom) geheilt werden. Speziell bei chronischen Erkrankungen können die positiven Wirkungen auf die Psyche stimulieren und so einen Heilerfolg unterstützen.
Eine punktuelle Lichttherapie kann bei Hautkrebs oder im Bereich von Mund und Rachentumoren eingesetzt werden. Dabei wird zunächst eine lichtempfindliche Substanz verabreicht und danach mit speziellen Lichtfrequenzen bestrahlt. Bei der Bestrahlung bilden sich aus den lichtempfindlichen Substanzen aggressive Sauerstoff Moleküle, welche die Tumorzellen direkt abtöten oder zum Verschluss von Blutgefäßen führen, wodurch ebenfalls Tumorzellen abgetötet werden. Das gesunde Gewebe in der Umgebung wird weitestgehend geschont.

5.5.8 Physiotherapie

Bewegungs- und Funktionsfähigkeit verbessern, wiederherzustellen oder erhalten. Unterstützt den Stoffwechsels und die Durchblutung, lindert Schmerzen und steigert die Ausdauer und Kraft. Schult Koordination und Beweglichkeit.

Massagen: Mobilisierung der Durchblutung, Entspannung von verkrampften Muskeln und Sehnen. Gerätegestützten Therapie: Mit medizinischen Trainingsgeräte und Zugapparate Mobilisationsübungen und Handgriffe: Kraft, Ausdauer, Beweglichkeit und Koordination.
Lymphdrainage: Bringen den Lymphfluss in Schwung und entgiften so den Körper. Nach Operationen oder Verwundungen können Abbauprodukte der Heilung schneller abgeführt werden. Achtung, bei manchen Erkrankungen muss bis nach Beendigung der Therapie gewartet werden, da sonst der Heilerfolg verringert werden kann.

5.5.9 Qi-Gong

Qigong ist eine chinesische Meditations-, Konzentrations- und Bewegungsform zur Kultivierung von Körper und Geist
Qigong ist eine chinesische Meditations-, Konzentrations- und Bewegungsform zur Kultivierung von Körper und Geist, die auch Teil der traditionellen Chinesischen Medizin ist. Auch Kampfkunst-Übungen werden darunter verstanden. Zur Praxis gehören Atemübungen, Körper- und Bewegungsübungen, Konzentrationsübungen und Meditationsübungen der inneren Stille. Die Übungen dienen zur Anreicherung und Harmonisierung des Qi (Physische und Geistige Energie).

5.5.10 Selbsthilfegruppen

Die meisten Mitglieder von Selbsthilfegruppen haben die Erfahrung gemacht, die Belastungen der Erkrankung besser zu bewältigen.
Die meisten Mitglieder von Selbsthilfegruppen haben die Erfahrung gemacht, die Belastungen der Erkrankung besser zu bewältigen. Durch den Erfahrungsaustausch werden die für den jeweiligen Krankheitsverlauf besten Möglichkeiten der Mithilfe bei der Therapie erkannt. Durch die Eingliederung in eine Gemeinschaft wird auch der Zustand der Einsamkeit in seiner Situation bewältigt. Speziell bei der Lösungsfindung zu einzelnen Situationen können selbst Betroffene viel glaubwürdiger ihr Fachwissen vermitteln als Personen, welche die Methoden lediglich theoretisch gelernt haben. Die Mitglieder können außerdem meistens besser mit Ärzten und Therapeuten sprechen, weil die Themen bereits in den Gruppen besprochen wurden. Außerdem gelingt den Selbsthilfegruppen oft kritische und innovative Impulse auszudrücken, welche zur Veränderung und zum Umdenken im professionellen Bereich beitragen. In Selbsthilfegruppen wird Fachwissen zusammengetragen und durch Erfahrungen der einzelne Betroffenen ergänzt. So entsteht ein ganzheitliches Wissen, das die Mitglieder

befähigt, Entscheidungen fundiert zu treffen und in unüberschaubaren System der Therapieangebote professionelle Dienste sinnvoll zu nutzen. Patienten, die in der Selbsthilfe engagiert sind, haben oft kürzere Klinikaufenthalte, weniger Therapiestunden und einen geringeren Medikamentenverbrauch.

5.6 Öl für Massage

5.6.1 Arnika

Arnika Massageöl fördert die Durchblutung, lockert die Muskulatur.
Innerlich eingenommen: gut gegen zerebrale Durchblutungsstörungen, Venen und Arterienerkrankung, Traumata, Hämatome, Angina Pectoris, Arteriosklerose, Kreislaufschwäche, Bronchitis.
Massageöl aus 10g Arnikablüten und 50g Aloe-Vera Öl ansetzen und 3 Wochen zeihen lassen (ev. in die Sonne stellen und gelegentlich schütteln).
Arnikablüten kommt zum Einsatz bei: Gewebs- und Organschädigungen (z.B. nach mechanischen Einwirkungen und bei Störungen der Blutversorgung); Verletzungen wie Zerrungen, Quetschungen, Blutergüsse. Nach dem Waschen, Baden, Duschen oder Schwimmen sparsam in die noch feuchte Haut einmassieren. Während der Schwangerschaft regelmäßig verwenden, um Schwangerschaftsstreifen zu vermeiden.
Vor innerer Anwendung von Arnika ist abzuraten. Sie kann zu Übelkeit, Erbrechen und Herzbeschwerden führen.

5.7 Speisezugabe

5.7.1 Stevia (Süßkraut)

Süßstoff für Diabetiker oder für Gewichtsreduktion. Blutdrucksenkende, antimikrobielle, gefäßerweiternde Wirkung.
Achtung - mit Ihrem Arzt oder Therapeuten absprechen.
Als Süßstoff, getrocknet oder frisch
In einigen Studien wurden fruchtschädigende und mutagene Wirkungen in Hamstern und Ratten beschrieben, außerdem eine Mutagenität in vitro. In der EU als Lebensmittel nicht zugelassen. Stevia-Anhänger wittern dahinter eine Verschwörung der Zuckerlobby und Voreingenommenheit der EU-Kommission. Schließlich wird Steviosid in Asien seit Jahrzehnten als Süßstoff verwendet – bisher ohne negative Folgen.
Die der WHO vorliegenden Studien bezüglich der Auswirkungen von Steviol in vivo haben keine Hinweise auf mutagene Wirkungen am Menschen ergeben. Nur auf eigene Gefahr.

5.8 Verschiedene Möglichkeiten

5.8.1 Aromatherapie
Aromatherapie ist die Behandlung von Befindlichkeitsstörungen und Erkrankungen mit ätherischen Ölen oder Räucherwerk.
Je nach Entscheidung des Therapeuten.
Aromatherapie ist die Behandlung von Befindlichkeitsstörungen und Erkrankungen mit ätherischen Ölen oder Räucherwerk. Sie ist Bestandteil der Phytotherapie (Pflanzenheilkunde) und Teil komplementärmedizinischer Methoden. Der Geruchssinn wird angesprochen; dies führt zu altbekannten Reaktionen. Ätherische Öle können eine direkte Wirkung auf die Organe haben. Lavendelöl soll zum Beispiel beruhigend wirken, Thymian aktivierend, Jasmin öl sei antidepressiv, Orangen- und Zitronenöl sollen die Stimmung aufhellen. Heutzutage werden begleitend zur Schulmedizin selbst in Spitälern, Pflegeheimen und Hospizen die beruhigenden und entspannenden Wirkungen gerne genutzt. Bei manchen Präparaten ist auch eine antibakterielle Wirkung nachgewiesen, welche begleitende genutzt werden kann.

5.8.2 Reishi
Regeneriert die Leber, wirkt entgiftend und entzündungshemmend. Gut gegen chronischer Hepatitis, Schwellungen, Rötungen und Juckreiz. Reguliert das Immunsystem, weckt und unterstützt die Selbstheilungskräfte. Verbessert die Sauerstoffsättigung des Blutes.
Als Zugabe zu Tee, Kakao oder Kaffee. Als Kapseln, Extrakt, Pulver oder ganzer Pilz.
Reishi ist reich an Mineralstoffen und Spurenelementen Magnesium, Kalium, Calcium, Eisen, Zink, Kupfer, Mangan und organisch gebundenes Germanium, welches in der Tumortherapie und für die Interferonproduktion eine große Rolle spielt. Wertvollen Polysaccharide, Glykoproteine, Proteoglykane, Triterpene, Sterole, Alkaloide und eine Vielzahl weiterer hochaktiver Wirksubstanzen.

5.8.3 Salbei Wurzel
Gut bei koronalen Durchblutungsstörungen, Nachbehandlung von Herzinfakt, Unruhe und Schlafstörungen.
Nicht in der Schwangerschaft verwenden.

6 Grundlagen der Ernährung

Die hier beschriebenen Grundlagen der Ernährung zeigen allgemeine Empfehlungen und beziehen sich nicht auf eine spezielle Therapieform. Die Empfehlungen der Therapie haben Vorrang.

6.1 Ernährung

Die regelmäßige Einnahme von Mahlzeiten in entspannter Atmosphäre. Ein wärmendes Frühstück gilt als guter Start in den Tag.
Mittags sollte die Hauptmahlzeit stattfinden - das Abendessen am frühen Abend.

Die Beachtung von Hunger- und Sättigungsgefühlen: Nicht überessen und nicht hungern, so lautet die Regel.

Die frische Zubereitung der Speisen aus naturbelassenen, regionalen Produkten. Tiefgekühlte, hitzekonservierte, industriell vorgefertigte oder mikrowellengegarte Lebensmittel werden gemieden.

Die Auswahl von Lebensmittel nach der Jahreszeit: Im Sommer mehr kühlende Nahrung, im Winter mehr wärmende Nahrung.

Mindestens zweimal am Tag Gekochtes essen. Speisen und Getränke sollen möglichst handwarm, niemals eiskalt oder heiß sein.

Rohkost, kurz gegartes Gemüse, frisch gepresste Säfte und Mineralwasser werden üblicherweise nicht empfohlen. Milch und Milchprodukte stehen nur dann auf dem Speiseplan, wenn sie problemlos vertragen werden.

Therapeutische Rezepte nicht über einen längeren Zeitraum ohne Rücksprache mit dem Arzt oder Therapeuten einnehmen.

1. Vielseitig essen
Lebensmittelvielfalt genießen. Merkmale einer ausgewogenen Ernährung sind abwechslungsreiche Auswahl, geeignete Kombination und angemessene Menge nährstoffreicher und energiearmer Lebensmittel. (Einerseits Schutz vor Unterversorgung mit essentiellen Nährstoffen und andererseits Schutz vor einer überhöhten Zufuhr unerwünschter Inhaltsstoffe.)

2. Reichlich Getreideprodukte - und Kartoffeln
Brot, Nudeln, Reis, Getreideflocken (am besten aus Vollkorn), sowie

Kartoffeln enthalten kaum Fett, aber reichlich Vitamine, Mineralstoffe, Spurenelemente sowie Ballaststoffe und sekundäre Pflanzenstoffe. Diese Lebensmittel sollten mit möglichst fettarmen Zutaten verzehrt werden.

3. Gemüse und Obst - Nimm "5" am Tag ...
5 Portionen Gemüse und Obst am Tag, möglichst frisch, nur kurz gegart, oder auch eine Portion als Saft – idealerweise zu jeder Hauptmahlzeit und auch als Zwischenmahlzeit: Damit werden reichlich Vitamine, Mineralstoffe sowie Ballaststoffe und sekundären Pflanzenstoffe (z.B. Carotinoiden, Flavonoiden) zugeführt. Das Beste, was man für die eigene Gesundheit tun kann.

4. Täglich Milch und Milchprodukte, ein- bis zweimal in der Woche
Fisch; Fleisch, Wurstwaren sowie Eier in Maßen. Diese Lebensmittel enthalten wertvolle Nährstoffe, wie z.B. Calcium in Milch, Jod, Selen und Omega-3-Fettsäuren in Seefisch. Fleisch ist wegen des hohen Beitrags an verfügbarem Eisen und an den Vitaminen B1, B6 und B12 vorteilhaft. Mengen von 300 - 600 g Fleisch und Wurst pro Woche reichen hierfür aus. Fettarme Produkte bevorzugen, vor allem bei Fleischerzeugnissen und Milchprodukten.

5. Wenig Fett und fettreiche Lebensmittel
Fett liefert lebensnotwendige (essenzielle) Fettsäuren und fetthaltige Lebensmittel enthalten auch fettlösliche Vitamine. Fett ist besonders energiereich, daher kann zu viel Nahrungsfett Übergewicht fördern, möglicherweise auch Krebs. Zu viele gesättigte Fettsäuren fördern langfristig die Entstehung von Herz-Kreislauf-Krankheiten. Pflanzliche Öle und Fette bevorzugen (z.B. Raps-, Oliven- und Sojaöl und daraus hergestellte Streichfette). Auf unsichtbares Fett achten, das in Fleischerzeugnissen, Milchprodukten, Gebäck und Süßwaren sowie in Fast-Food- und Fertigprodukten meist enthalten ist. Insgesamt 70 - 90 Gramm Fett pro Tag reichen aus.

6. Zucker und Salz in Maßen
Nur gelegentlich Zucker und Lebensmittel, bzw. Getränke verzehren, die mit verschiedenen Zuckerarten (z.B. Glucose Sirup) hergestellt wurden. Kreativ mit Kräutern und Gewürzen und wenig Salz würzen. Jodiertes Speisesalz bevorzugen.

7. Reichlich Flüssigkeit
Wasser ist absolut lebensnotwendig. Jeden Tag rund 1-2 Liter Flüssigkeit trinken. Wasser (ohne oder mit Kohlensäure) und andere kalorienarme Getränke bevorzugen. Alkoholische Getränke sollten nicht konsumiert

werden.

8. Schmackhaft und schonend zubereiten
Die jeweiligen Speisen bei möglichst niedrigen Temperaturen garen, soweit es geht kurz, mit wenig Wasser und wenig Fett - das erhält den natürlichen Geschmack, schont die Nährstoffe und verhindert die Bildung schädlicher Verbindungen.

9. Sich Zeit nehmen und das Essen genießen
Bewusstes Essen hilft, richtig zu essen. Auch das Auge isst mit. Sich beim Essen Zeit lassen. Das macht Spaß, regt an, vielseitig zuzugreifen und fördert das Sättigungsempfinden.

10. Auf das Gewicht achten und in Bewegung
Ausgewogene Ernährung, viel körperliche Bewegung und Sport (30 bis 60 Minuten pro Tag) gehören zusammen. Mit dem richtigen Körpergewicht fühlt man sich wohl und fördert die Gesundheit.

Thermik, Wirkrichtung, Verdauungskraft
Es gibt unterschiedliche Kriterien, die Wirksamkeit von Kräutern und Lebensmittel zu beurteilen. Der Einsatz der Kräuter und Zutaten basiert auf Beobachtung, was die Lebensmittel, Kräuter und Gewürze nach ihrem Verzehr im Körper bewirken. In der Medizin hat sich daraus folgendes System entwickelt: Jede Zutat oder Kraut hat eine Wirkrichtung. Außerdem gibt es noch Kräuter, die eine besondere Wirkung auf bestimmte Organe haben.

Voraussetzung für einen gesunden Stoffwechsel ist es, darauf zu achten, dass wir ausreichend Energie aus der Nahrung gewinnen und der Verdauungsprozess so wenig Energie wie möglich verbraucht. Eine bekömmliche Mahlzeit macht zufrieden und satt, verursacht keine Blähungen und keine Müdigkeit nach dem Essen. Richtiges Würzen erhöht die Bekömmlichkeit unserer Speisen. Es genügen oft schon geringe Mengen an Kräutern und Gewürzen. Sie dienen nicht dazu, uns satt zu machen, sondern helfen unseren Verdauungsorganen, die Nahrung zu verdauen.

6.2 Rezepte

Die Rezepte zeigen Ihnen welche Zutaten verwendet werden sowie mit der Kochanleitung wie diese zubereitet werden. Bei den Zutaten wird neben den Mengenangaben auch die Wichtigkeit für die Therapie angezeigt. Wenn dabei angezeigt wird "weniger als angegeben" versuchen Sie diese Empfehlung einzuhalten oder eine Alternative aus der Liste der "Empfohlenen Lebensmittel" zu finden. Meistens ist es nur eine leichte geschmackliche Änderung wenn Sie diese Zutat gänzlich weglassen.

Schonende Kochmethoden: Kochen, dämpfen, pochieren, dünsten
Scharfe Kochmethoden: Grillen, rösten, anbraten, räuchern
Ausgeglichene Kochmethoden: Frittieren, Römertopf

Auf das Einfrieren und erwärmen in der Mikrowelle sollte verzichtet werden (Denaturierung).

6.3 Lebensmittel

Lebensmittel wirken wie Heilkräuter auf Körper und Geist, nur wesentlich sanfter. Die Ernährungsberatung stützt sich hauptsächlich auf heimische Lebensmittel. Das Wissen über die Wirkungsweisen jedes einzelnen Lebensmittels und das Wissen wann welche Lebensmittel zur Anwendung kommen, entstammt der Schulmedizin. Verwende Sie möglichst Erzeugnisse aus ökologischen-biologischem Landbau.

Da wegen der besseren Verdaulichkeit grundsätzlich alles lange gekocht und kaum roh gegessen wird, ist die Verträglichkeit hervorragend.

Die Einteilung der Lebensmittel entsprechend ihrer Wirkung auf den Körper und bildet die Basis, um einen ausgewogenen und harmonischen Gesundheitszustand im Körper zu erreichen.

Grundsätzlich empfiehlt die Ernährungsberatung keine bestimmten Lebensmittel für Jedermann. Ausschlaggebend für den individuellen Speiseplan ist vor allem die persönliche Konstitution.

Kaufen Sie nur frisches und reifes Obst und Gemüse ein. Braune Stellen, welke Blätter aber auch unreifes Obst und Gemüse sollten Sie im Supermarkt zurücklassen. Greifen Sie dann zu Tiefkühlware (keine Fertiggerichte!). Tiefkühlobst und -gemüse werden kurz nach dem Ernten schockgefroren und enthalten deshalb oftmals mehr Vitamine und Mineralstoffe, als die Ware aus der Obst- und Gemüsetheke! Konserven- und Dosenware dagegen enthält wesentlich weniger Biostoffe. Zudem werden Letztere meist mit Salz, Zucker usw. angereichert. Lassen Sie die Zutaten nach dem Waschen nie im Wasser liegen, denn so gehen viele Vitalstoffe ins Wasser über! Putzen Sie Salate, Früchte und Gemüse erst unmittelbar vor Verzehr.

Beachten Sie bitte die hygienische Verarbeitung der Lebensmittel. Waschen Sie Ihre Salate, Früchte und Gemüse gründlich. Bei Gerichten mit Fleisch bereiten Sie zuerst die Zutaten vor und verarbeiten dann die

Fleischprodukte. Reinigen Sie danach die Arbeitsflächen und Werkzeuge besonders gründlich. Holzunterlagen sollten regelmäßig mit leichtem Desinfektionsmittel behandelt werden um die Keimbildung einzuschränken.

Bewahren Sie Obst und Gemüse möglichst getrennt voneinander auf. Auch geerntete Früchte und Gemüse leben und strömen z.B. Ethylengas aus, das andere Sorten schneller reifen und altern lässt. Fleisch und Fisch in der verschlossenen Verpackung lassen oder in luftdichten Boxen im Kühlschrank aufbewahren.

6.4 Kräuter

Bei der Aufbewahrung und Lagerung von Heilkräutern, müssen gewisse Grundregeln beachtet werden. Grundsätzlich müssen Heilkräuter geschützt vor direkter Sonneneinstrahlung, vor Feuchtigkeit und vor heißen Temperaturen gelagert werden.

Als Gefäße für die Lagerung von Heilkräutern können Gläser, Keramik-Behälter und zur Not auch Plastik-Dosen eingesetzt werden. Plastik ist aber ein sehr unreines Material und sollte daher wirklich nur eine kurzfristige Notlösung sein. Bei Glasbehältern ist darauf zu achten, dass dunkles Glas verwendet wird.

Heilkräuter können nicht beliebig lange aufbewahrt werden. Die Haltbarkeit von Heilkräutern ist auf jeden Fall begrenzt. Durch die Haltbarkeitsdauer kann durch sachgerechte Lagerung wesentlich erhöht werden. So soll der Lagerplatz dunkel, eher kühl und absolut trocken sein. Ein Medizinschrank aus Holz, der nicht direkt bei einer Wärmequelle platziert ist wäre ideal. Um Ihre Heilkräuter nicht wegwerfen zu müssen, kaufen Sie nicht zu große Mengen an Heilpflanzen. Beschriften Sie die Behälter mit dem Namen des Heilkrauts und dem Datum der Ernte bzw. der Verarbeitung.

7 Weitere Ernährungsvorschläge

Folgende Syndrome der Diätetik, der TCM oder als Therapieergänzung bei Krebs sind verfügbar.

DIÄTETIK
1. Ernährung des Säuglings - Beikost
2. Ernährung in der Stillzeit
3. Ernährung im Alter
4. Ernährung von Kindern und Jugendlichen
5. Ernährung von Sportlern
6. Leichte Vollkost
7. Schwangerschaft
8. Vollkost

Eiweiß und Elektrolyt – Nieren
9. (Hämo-)Dialysebehandlung
10. Akutes Nierenversagen
11. Chronische Niereninsuffizienz
12. Nephrotisches Syndrom
13. Nierensteine (Nephrolithiasis)

Gastrointestinaltrakt - Bauchspeicheldrüse
14. Akute Pankreatitis (Entzündung der Bauchspeicheldrüse)
15. Chronische Pankreatitis (Entzündung der Bauchspeicheldrüse)

Gastrointestinaltrakt - Dünndarm und Dickdarm
16. Akute Obstipation (Verstopfung)
17. Chronische Obstipation (Verstopfung)
18. Colon irritabile
19. Divertikulitis
20. Erworbene Laktoseintoleranz (Laktosemalabsorption)
21. Fruktosemalabsorption
22. Glutensensitive Enteropathie (Zöliakie)
23. Kolektomie
24. Kurzdarmsyndrom

Gastrointestinaltrakt - Leber, Gallenblase, Gallenwege
25. Akute und chronische Hepatitis (Entzündung der Leber)
26. Cholelithiasis (Gallensteine)
27. Fettleber
28. Leberzirrhose

Gastrointestinaltrakt - Magen und Zwölffingerdarm
29. Akute Gastritis
30. Chronische Gastritis
31. Magenblutung
32. Ulcus ventriculi und Ulcus duodeni
33. Zustand nach Magenoperation

Gastrointestinaltrakt - Mundhöhle und Speiseröhre
34. Mundschleimhautentzündung
35. Ösophaguskarzinom (Speiseröhrenkrebs)
36. Reflüxösophagitis (Sodbrennen)

spezielle Krankheiten
37. Phenylketonurie (PKU)
38. Rheumatische Gelenkserkrankungen

Stoffwechsel
39. Adipositas (Übergewicht)
40. Diabetes mellitus
41. Essstörungen (Untergewicht)
Fettstoffwechsel
42. Hypercholesterinämie (erhöhter Cholesterinspiegel)
43. Hepatische Enzephalopathie
Herz- und Kreislauf
44. Arteriosklerose (Arterienverkalkung)
45. Herzinsuffizienz
46. Hypertonie (Bluthochdruck)
47. Hyperurikämie und Gicht
veränderter Nährstoffbedarf
48. bei Fieber
49. bei malignen Erkrankungen
50. nach Verbrennungen
51. Strahlen- und Chemotherapie

KREBS
100. Bauchspeicheldrüse
101. Blasenkrebs
102. Blutkrebs (Leukämie)
103. Brustkrebs
104. Darmkrebs
105. Magenkrebs
106. Nierenkrebs
107. Speiseröhrenkrebs

TCM
200. Blase - Feuchte Hitze in der Blase
201. Blase - Feuchtigkeit und Kälte in der Blase
202. Blase - Leere und Kälte in der Blase
203. Dickdarm - äussere Kälte befällt den Dickdarm
204. Dickdarm - Feuchte Hitze im Dickdarm
205. Dickdarm - Hitze blockiert den Dickdarm II akut
206. Dickdarm - Trockenheit des Dickdarms
207. Dickdarm - Yang Mangel (Kälte)
208. Herz - Blut Mangel
209. Herz - Blut Stagnation
210. Herz - Feuer
211. Herz - Heisser Schleim verstopft die Herzporen
212. Herz - Kalter Schleim verstopft die Herzporen
213. Herz - Qi Mangel
214. Herz - Yang Mangel
215. Herz - Yin Mangel
216. Leber - aufsteigender Leber-Yang
217. Leber - Blut-Mangel
218. Leber - Blut-Stagnation
219. Leber - feuchte Hitze in Leber und Gallenblase
220. Leber - Feuer
221. Leber - Gallenblase Qi-Leere
222. Leber - Kälte im Lebermeridian
223. Leber - Qi-Stagnation

224. Leber - Wind
225. Leber - Wind mit aufsteigendem Leber Yang
226. Leber - Wind mit Blutleere
227. Leber - Wind mit extremer Hitze
228. Lunge - Qi Mangel
229. Lunge - Schleim-Feuchtigkeit in der Lunge
230. Lunge - Schleim-Hitze in der Lunge
231. Lunge - Schleim-Kälte in der Lunge
232. Lunge - Trockenheit der Lunge
233. Lunge - Wind-Hitze befällt die Lunge
234. Lunge - Wind-Kälte befällt die Lunge
235. Lunge - Yin Mangel
236. Magen - Blutstagnation
237. Magen - Feuer
238. Magen - Magenkälte mit Flüssigkeit
239. Magen - Nahrungsstagnation
240. Magen - Qi Mangel
241. Magen - rebellierendes Magen Qi
242. Magen - Yin Leere
243. Milz - Hitze und Feuchtigkeit befällt die Milz
244. Milz - Kälte und Feuchtigkeit befällt die Milz
245. Milz - Qi Mangel
246. Milz - Qi Mangel + Absinkendes MilzQi
247. Milz - Qi Mangel + Milz kontrolliert das Blut nicht
248. Milz - Yang Mangel
249. Niere - Herz und Niere kommunizieren nicht mehr
250. Niere - Jing Mangel
251. Niere - Nieren können das Qi nicht empfangen
252. Niere - Qi ist nicht fest
253. Niere - Yang Mangel
254. Niere - Yin Mangel